破解 薪酬分配难题

薪酬体系设计与构建

狄振鹏 ◎ 著

企业管理出版社
ENTERPRISE MANAGEMENT PUBLISHING HOUSE

图书在版编目（CIP）数据

破解薪酬分配难题：薪酬体系设计与构建 / 狄振鹏著 . —北京：企业管理出版社，2021.6

ISBN 978-7-5164-2369-1

Ⅰ.①破… Ⅱ.①狄… Ⅲ.①企业管理－工资管理－研究 Ⅳ.① F272.923

中国版本图书馆 CIP 数据核字（2021）第 071508 号

书　　名：破解薪酬分配难题——薪酬体系设计与构建

作　　者：狄振鹏

责任编辑：赵喜勤

书　　号：ISBN 978-7-5164-2369-1

出版发行：企业管理出版社

地　　址：北京市海淀区紫竹院南路 17 号　　邮编：100048

网　　址：http://www.emph.cn

电　　话：编辑部（010）68420309　　发行部（010）68701816

电子信箱：zhaoxq13@163.com

印　　刷：河北宝昌佳彩印刷有限公司

经　　销：新华书店

规　　格：170 毫米 ×240 毫米　　16 开本　　12.75 印张　　150 千字

版　　次：2021 年 11 月第 1 版　　2021 年 11 月第 1 次印刷

定　　价：58.00 元

版权所有　翻印必究·印装有误　负责调换

前　言

本书主要讨论企业管理中最常见的薪酬问题，试图破解薪酬分配难题，设计和构建科学合理的企业薪酬体系。

对于大多数企业而言，薪酬分配都是一个绕不开的老大难问题，是企业人才保留培养和企业发展建设的关键所在。

通俗来讲，企业其实就是一个赚钱、分钱的商业系统。赚钱要凭借商业模式和盈利模式，分钱则依靠绩效考核与薪酬分配机制。企业分钱的结果是否科学、合理、公平，是否富有正向激励性，直接影响着员工的工作积极性，也会影响到人才的引进和成长，从而影响整个企业的持续发展。

笔者基于多年辅导和培训国内企业管理者的经验发现，不少中小企业在进行薪酬分配时常常面临以下问题或困惑：

一是薪酬缺少竞争力，导致高手留不住、庸才赶不走；

二是平均主义大锅饭，挫伤骨干和积极分子的积极性；

三是同工不同酬，劳逸不均衡，忙的忙死，闲的闲死；

四是绩效工资结构设计不合理，激励手段不足或无效；

五是营销类薪酬制度无竞争优势，业务员缺少狼性和活力；

六是薪酬制度随意化，结果评价缺依据，引发矛盾冲突；

七是违反相关劳动法律法规，引发纠纷，得不偿失。

作为企业家或企业高层管理者，必须思考薪酬分配与企业发展的关联：如何运用正确的薪酬策略支持企业战略的实现？如何解决企业薪酬内外部公平问题？绩效制薪酬的结构与体系应该如何设计？如何确定营销类绩效薪酬制度，才能提升销售业绩和利润？如何优化薪酬体系，激活员工，让员工获得最大的满意度，从而打造有机的活性组织？

互联网时代的新生代员工与传统工业时代的员工明显不同，新生代员工要求彰显自我、得到更多尊重、体现个人价值，为了挣钱或者养家糊口而忍气吞声、忍辱负重的情况已经很少了。企业如果不能顺应环境的变化，仍然采取过去习惯性的老套路，恐怕就会在残酷的市场竞争中败下阵来，甚至被淘汰出局。

在企业发展过程中，人才要素显得越来越重要，成为核心因素之一，而吸引、留住人才的基础因素就是薪酬分配制度。钱给得不够，或者明显不合理，员工必然会心生怨气，经过一段时间的忍耐，最后就会选择离职。

笔者在为众多企业提供辅导和培训服务的过程中，发现一些企业家和高层管理者不太理解薪酬体系的重要性，缺少相关的基础知识。大多数企业依靠人力资源管理部门设计和规划薪酬制度，往往照搬照抄，等出现问题后再去补漏洞，常常头痛医头，脚痛医脚。因此，企业家和高层管理者也应该具备基础的薪酬理论概念，掌握基本的薪酬知识和方法技巧，这对于企业建立科学化薪酬体系一定大有裨益。

本书共包括七章内容：第一章为薪酬分配的困惑与薪酬管

理，第二章为薪酬模式分析与选择，第三章为薪酬结构与薪酬体系设计，第四章为如何破解薪酬公平性难题，第五章为绩效制薪酬体系设计，第六章为巧妙设计营销人员薪酬制度，第七章为如何优化薪酬体系。全书主要分析了企业现行薪酬体系中存在的弊端和问题，致力于为企业构建科学高效的考核激励制度和先进的薪酬体系，最大限度地激发人才潜力，创建优秀团队，让企业管理者能够轻松搞定薪酬与激励，帮助企业突破绩效难题。

希望企业家和企业管理者在阅读本书时，能够结合自己企业的实际情况，认真反思企业当前薪酬体系的弊端和短板，迅速采取有效措施，逐步完善企业的薪酬分配体系，激发员工活力，推动企业进一步发展。

狄振鹏

2021 年 8 月 24 日

目 录

第一章　薪酬分配的困惑和薪酬管理 …………………………… 1
　第一节　员工对薪酬分配不满引发的问题 ……………………… 2
　　一、员工为什么会对薪酬分配不满 …………………………… 2
　　二、员工对薪酬分配不满时会怎么做 ………………………… 3
　　三、薪酬分配不公平会严重挫伤员工的积极性 ……………… 4
　第二节　薪酬分配应重点关注的问题 …………………………… 6
　　一、薪酬分配的公平性问题 …………………………………… 6
　　二、薪酬分配要考虑员工的能力和素质 ……………………… 6
　　三、不同类型的岗位薪酬分配切勿"一刀切" ……………… 8
　　四、薪酬分配要充分支持企业战略的落实 …………………… 9
　　五、薪酬分配模式要适应企业发展阶段 ……………………… 9
　　六、薪酬分配要与企业的人才战略相匹配 …………………… 12
　第三节　薪酬分配中的常见弊端 ………………………………… 13
　　一、薪酬结构复杂，福利项目繁多 …………………………… 14
　　二、薪酬激励的主要对象不明确 ……………………………… 14
　　三、只激励少数"明星员工"，引发内部斗争 ……………… 15
　　四、晋升通道单一，竞争太过激烈 …………………………… 16
　　五、只激励短期业绩 …………………………………………… 17

六、薪酬制度随意打补丁 …………………………………… 17
　　七、平均主义"大锅饭" ……………………………………… 18
　　八、岗位价值与薪资不匹配 ………………………………… 18
 第四节　薪酬管理内涵与体系 ………………………………… 19
　　一、什么是薪酬 ……………………………………………… 20
　　二、薪酬的三大功能 ………………………………………… 20
　　三、薪酬管理的定义 ………………………………………… 22
　　四、影响薪酬的因素 ………………………………………… 22
　　五、薪酬管理体系 …………………………………………… 24
 第五节　企业薪酬管理应避免的陷阱 ………………………… 26

第二章　薪酬模式分析与选择 …………………………………… 31
 第一节　薪酬管理与企业经营管理 …………………………… 31
　　一、薪酬管理是企业管理的重要环节 ……………………… 31
　　二、薪酬管理体系支撑企业战略 …………………………… 32
　　三、薪酬管理体系的影响因素 ……………………………… 34
　　四、企业文化对薪酬管理体系的影响 ……………………… 35
 第二节　薪酬策略分析与选择 ………………………………… 36
　　一、把握选择薪酬策略的四个方向 ………………………… 37
　　二、根据企业发展阶段选择薪酬策略 ……………………… 40
　　三、结合企业竞争战略选择薪酬策略 ……………………… 40
　　四、结合企业长短期利益选择薪酬策略 …………………… 42
　　五、平衡新老员工利益，保持弹性 ………………………… 47
 第三节　五种经典薪酬分配模式分析 ………………………… 49
　　一、五种经典薪酬分配模式 ………………………………… 49
　　二、职等薪酬模式 …………………………………………… 50
　　三、岗位制薪酬模式的两种方式 …………………………… 51

第四节　当前企业常用的薪酬模式 …………………… 52
　　一、结构工资制 ………………………………………… 52
　　二、岗位等级工资制 …………………………………… 53
　　三、岗位技能工资制 …………………………………… 54
　　四、岗位薪点工资制 …………………………………… 54
　　五、岗位绩效工资制 …………………………………… 55
　　六、职能等级工资制 …………………………………… 55
　　七、技术等级工资制 …………………………………… 55
　　八、谈判工资制 ………………………………………… 56
　　九、项目薪酬制 ………………………………………… 56
第五节　四种典型薪酬模式的特点 …………………… 57

第三章　薪酬结构与薪酬体系设计 ……………………… 61
第一节　设计薪酬体系的六原则 ……………………… 61
　　一、公平性原则 ………………………………………… 61
　　二、竞争性原则 ………………………………………… 63
　　三、经济性原则 ………………………………………… 63
　　四、激励性原则 ………………………………………… 64
　　五、平衡性原则 ………………………………………… 65
　　六、合法性原则 ………………………………………… 66
第二节　设计薪酬体系的五步骤 ……………………… 66
第三节　设计薪酬体系的关键要点 …………………… 68
第四节　薪酬结构的含义与组成 ……………………… 70
　　一、什么是薪酬结构 …………………………………… 70
　　二、企业的薪酬等级 …………………………………… 71
　　三、多渠道晋升体系 …………………………………… 72
　　四、薪酬曲线与宽带薪酬 ……………………………… 74

第五节　薪酬结构的模型设计 …………………………………… 74
一、与组织结构相匹配的模型 ………………………………… 75
二、与岗位相匹配的模型 ……………………………………… 75
三、与薪酬支付标准相匹配的模型 …………………………… 76
四、销售人员的五种薪酬模式 ………………………………… 78
五、生产人员的五种薪酬模式 ………………………………… 79
六、管理人员的薪酬模式 ……………………………………… 80
七、技术人员的薪酬模式与晋升阶梯 ………………………… 81

第六节　薪酬预算与人工成本控制 …………………………… 83
一、薪酬预算的必要性 ………………………………………… 83
二、薪酬预算的方法 …………………………………………… 84
三、薪酬调整制度 ……………………………………………… 85
四、影响薪酬调整的因素 ……………………………………… 85
五、薪酬调整政策多元化 ……………………………………… 86

第四章　如何破解薪酬公平性难题 ……………………………87
第一节　内部公平性难题：谁更重要 ………………………… 87
一、谁对企业更重要 …………………………………………… 87
二、海氏岗位价值评估法 ……………………………………… 88
三、海氏岗位价值评估法的准备工作：岗位分析 …………… 89
四、岗位价值与薪酬 …………………………………………… 90

第二节　如何评估岗位价值 …………………………………… 91
一、岗位价值评估方法 ………………………………………… 91
二、岗位价值评估要素 ………………………………………… 92
三、岗位价值评估范例 ………………………………………… 93
四、要素评价法 ………………………………………………… 94
五、岗位价值评估的步骤 ……………………………………… 96

第三节　外部公平性：别处拿得更多 ········· 97
一、这山望着那山高 ················· 97
二、经常成为行业里的"黄埔军校" ·········· 98
三、是培养还是压榨，是流动还是流失？ ········ 98
四、好人不好留，庸才赶不走 ············· 99

第四节　薪酬调查分析与评估 ·············· 100
一、薪酬调查的内涵 ················· 100
二、薪酬调查的基本要点 ··············· 101

第五节　同工一定要同酬吗 ··············· 103
一、同样的岗位，工作内容可能不同 ·········· 103
二、同样的岗位职责，工作效果可能不同 ········ 104
三、岗位评价的指标有偏差 ·············· 105
四、拉开同岗位收入的差距 ·············· 107
五、要为员工的能力付酬吗 ·············· 108

第五章　绩效制薪酬体系设计 ············ 113

第一节　绩效制薪酬的优点 ··············· 113
一、绩效制薪酬改革的雷区 ·············· 113
二、循序渐进、"小步快跑"的绩效制薪酬改革 ······· 116
三、绩效工资必须 100% 封顶吗 ············ 116
四、计算绩效工资的绝对法和相对法 ·········· 118
五、金钱刺激是"双刃剑" ·············· 120
六、绩效制薪酬的主要特点 ·············· 121

第二节　绩效制薪酬的激励作用 ·············· 121
一、绩效制薪酬是有效的激励手段 ··········· 121
二、三工并转的 ABC 模式 ··············· 122
三、企业发放绩效薪酬的依据 ············· 123

四、业绩主要靠平台还是靠个人 ………………………… 124
第三节　绩效工资的 ABC 模型 …………………………………… 125
　　一、绩效工资的 A 模型：外加型 ……………………………… 125
　　二、绩效工资的 B 模型：内减型 ……………………………… 126
　　三、绩效工资的 C 模型：加减型 ……………………………… 126
　　四、绩效工资的确定方式 ……………………………………… 128
　　五、绩效等第与绩效系数 ……………………………………… 129
第四节　绩效工资的结构类型 ……………………………………… 130
　　一、不同岗位的绩效工资类型对比 …………………………… 130
　　二、绩效工资的三大结构类型解析 …………………………… 131
　　三、企业不同发展时期的薪酬结构和策略 …………………… 133
第五节　影响绩效工资的因素有哪些 ……………………………… 133
　　一、绩效主要归功于谁 ………………………………………… 133
　　二、影响绩效工资占比的因素 ………………………………… 134
　　三、个人、团队、企业对绩效的影响 ………………………… 135
第六节　高管绩效制薪酬设计 ……………………………………… 135
　　一、高管的绩效薪酬该怎么发 ………………………………… 135
　　二、目标激励的四线五区法 …………………………………… 137
　　三、高管绩效工资的考核指标 ………………………………… 139

第六章　巧妙设计营销人员薪酬制度 ………………………… 141
第一节　如何避开营销人员绩效薪酬体系中的常见陷阱 ……… 141
　　一、营销人员绩效薪酬体系中的常见陷阱 …………………… 142
　　二、打造有机的活性组织 ……………………………………… 145
　　三、巧用菲尔德薪酬法 ………………………………………… 146
第二节　如何确定营销人员的绩效工资 …………………………… 146
　　一、如何确定营销人员的绩效工资系数 ……………………… 147

二、营销人员的绩效工资与哪些因素相关 ……………… 148
第三节　营销人员薪酬中的"十大分开" ……………………… 149
　　一、销售开发部和客户服务部分开 ……………………… 149
　　二、销售开发岗位与客户服务岗位分开 ………………… 149
　　三、老客户和新客户分开 ………………………………… 150
　　四、老市场区域和新市场区域分开 ……………………… 151
　　五、老产品和新产品分开 ………………………………… 153
　　六、高利润产品和低利润产品分开 ……………………… 154
　　七、存量业务和增量业务分开 …………………………… 154
　　八、首年业务与次年业务及标准业务分开 ……………… 155
　　九、自开区域和接手区域分开 …………………………… 157
　　十、自有的业绩和教导的业绩分开 ……………………… 158

第七章　如何优化薪酬体系 …………………………………… 159
　第一节　如何解决营销人员薪酬体系不匹配问题 ………… 159
　　一、薪酬分配是大部分企业的老大难问题 ……………… 159
　　二、如何解决"销售人员躺着吃老本"的问题 ………… 161
　　三、用专职客服人员维护市场 …………………………… 162
　第二节　如何解决薪酬管理中的关键问题 ………………… 163
　　一、明确企业薪酬导向 …………………………………… 163
　　二、明确企业短期的薪酬战略和计划 …………………… 164
　　三、破除薪酬分配不公平问题 …………………………… 165
　　四、一切薪酬皆有依据 …………………………………… 166
　第三节　如何与员工进行薪酬沟通 ………………………… 167
　　一、缺少绩效薪酬沟通是普遍现象 ……………………… 167
　　二、如何达到薪酬沟通的最佳效果 ……………………… 168
　　三、薪酬制度应该让哪些员工满意 ……………………… 169

四、薪酬沟通的有效方式 …………………………………… 170
　　五、薪酬沟通的要点 ………………………………………… 171
　　六、薪酬沟通的误区 ………………………………………… 172
第四节　员工对薪酬不满意的原因 ……………………………… 172
　　一、薪酬分配的内部公平性不够 …………………………… 173
　　二、薪酬的外部竞争力水平太低 …………………………… 173
　　三、个人收入与业绩表现不相符 …………………………… 174
　　四、工资没有与企业经济效益同步上涨 …………………… 174
第五节　如何让员工对薪酬分配心服口服 ……………………… 175
　　一、即时管理和即时反馈 …………………………………… 175
　　二、引入绩效游戏系统 ……………………………………… 176
　　三、过程记录 + 排名奖励 …………………………………… 177
　　四、其他常用方法 …………………………………………… 178
第六节　薪酬福利管理典范 ……………………………………… 179
　　一、工资结构 ………………………………………………… 179
　　二、工资计算方式 …………………………………………… 181
　　三、固定工资和浮动工资的计算 …………………………… 182
　　四、各种考核系数 …………………………………………… 183

参考文献 …………………………………………………………… 187

第一章

薪酬分配的困惑和薪酬管理

薪酬分配是企业管理中既敏感又重要的问题,薪酬制度和分配难题在全世界的企业、厂矿以及其他经营团体中普遍存在。薪酬分配往往会涉及个人财务问题,所以是个比较敏感的话题,人人都很关心这个问题,很多人对自己的薪酬感到不满但不愿公开谈论。企业的薪酬制度是否科学、薪酬分配是否合理,关乎企业的长远发展。

一般而言,大部分企业有关薪酬分配的工作和职责主要集中在人力资源部门,但是笔者调查发现,大部分人力资源部门的管理者(经理)对薪酬政策或薪酬制度几乎没有什么发言权,有时人力资源部门可以提出一些薪酬分配方案,最后还是由企业老板一锤定音。

由于大多数企业家和企业高层管理者对薪酬分配制度和薪酬管理的概念理解不透彻,再加上可能缺乏一些利益共享的格局和胸怀,而且有些企业高层管理者可能缺少对员工激励系统的正确认识,导致企业在薪酬分配方面常常会困难重重。

例如,很多企业管理者误以为,支付给员工的薪酬越多他们干的活也越多、支付给员工的薪酬越多他们的工作积极性就越高，但实际情况未必如此。当然，企业支付给员工的薪酬太少，严重低于同行平均水平，员工一定会抱怨连天，工作积极性下降，最终会在外面寻找更好的工作机会。所以，企业的钱该怎么分值得深入思考。

第一节 员工对薪酬分配不满引发的问题

一、员工为什么会对薪酬分配不满

企业内部通常都会有部分员工或干部对企业的薪酬分配制度不满，这种不满言论和现象总结起来大概有以下三种。

第一种：为什么我付出的心血很多，但是收获却很少？为什么我干的活比别人多，拿的钱却比别人少？我起得比鸡还早、干得比牛还多……总之，就是认为收入回报与自己的付出不对等。

第二种：我的能力很强，不应该只拿这么点报酬；我的业绩很好，收入却不如别的同事。这部分员工认为收入回报与自己的能力和业绩不成正比。

第三种：咱们公司我这个岗位薪酬水平太低了，在别的公司、别的行业去干同样的活，收入会高很多。这部分员工认为行业或者岗位限制了自己的收入，也不满意。

当前不同行业的薪酬差距确实比较大，所以第三种不满非常普遍。例如在当下比较火的互联网行业，一个刚毕业的普通大学生去北京中关村应聘互联网程序员，起步月薪大概就得一万多；如果是熟练的技术工程师，那可能月薪会达到两三万；如果是一个高水平的技术管理人员，月薪正常可达到四五万。而在传统行业中，在一般的大型企业里可能需要做到中层干部甚至总监，月薪才有可能达到三万。由此可见，不同行业的薪酬水平没有可比性，这也是很多员工不断转行的原因。

二、员工对薪酬分配不满时会怎么做

企业中通常都会有员工对自己的收入不满意，认为薪酬分配不公平。如果员工长期抱有如此心态，他们在往后的工作中会有怎样的表现？继而会引发哪些管理问题呢？

第一，员工认为他的收入与付出不匹配，他往后可能就会消极怠工。因为一般员工都会有这种想法：干得很多却拿得很少，我为什么要这样做呢？还不如少干一点更轻松。很多员工认为自己拿多少钱就干多少活，老板给我两千块，那我干两千块的活就好了，为什么要努力干四千块的活呢？

第二，有些员工认为自己的收入比同事少、付出却比同事多得多，所以他们就会在工作当中相互推诿、不配合，理由是谁拿得多就让谁多干活，反正我拿得少，就应该少承担一点。

第三，还有人认为自己的能力很强，收入却很低，常常感到怀才不遇，想"跳槽"寻找新的出路，甚至有人会想创业自己当老板。正如网友调侃的：此处不留爷，自有留爷处，到处不留爷，爷干个体户。

第四，还有员工觉得自己的业绩和收入不成正比，于是他们就开始混日子，对待工作消极抵触，得过且过。这部分员工认为，反正干好干坏一个样，干多干少一个样，干与不干一个样，那我就选择成本最低的方式，所以就开始混日子了。这种行为背后隐藏的是一种消极心态，对于员工自身的职业生涯和整个人生而言危害较大。其实选择"跳槽"或者自己创业的那些员工，他们的心态还是积极向上的，他们不想耽误自己，希望重新为自己寻找一个合适的出路。

第五，还有的员工认为在别的公司、别的行业可能会赚得更多，所以会选择"跳槽"。他们信奉"树挪死、人挪活"，甚至有人经常性地换工作，在这家企业没干几天又蠢蠢欲动，找下一家。

当然，也有员工多次"跳槽"以后却开始感叹"天下乌鸦一般黑"！如果一个普通员工换过七八个企业甚至三五个行业，他认为所有的老板都一样黑，大家认为这是老板、行业和企业有问题，还是他自己有问题呢？答案显而易见。所以，个别员工对自己的实力和薪酬分配的认识也会产生一些偏差，正所谓"这山看到那山高"，这种个别现象并不能说明企业薪酬分配制度有问题。

三、薪酬分配不公平会严重挫伤员工的积极性

如果一家企业的薪酬分配制度不合理或者严重不公平，就会给员工的工作积极性带来巨大的打击，进而引起一系列矛盾和问

题，导致企业长期处于低效管理状态。

企业的经营管理从本质上讲就做两件事，第一是赚钱，第二是分钱。一般而言，企业的经营状况可分为两种情况。

第一种情况，有些企业赚不到钱，尤其是在外部经营环境比较恶劣的情况下企业可能会负债累累。赚不到钱自然就无钱可分，这样一来企业所有员工的薪酬可能都处于一个较低的水平。长此以往，员工也没有积极性努力工作了，企业效益自然上不去，这些企业就只能等待破产或兼并了，最终命运大多逃不掉关、停、并、转。

第二种情况，大部分企业的现实情况是赚到了一些钱（营业额或毛利润），但是赚到了钱以后分配不均。对于大多数企业家而言，赚钱他们并不陌生，只是赚多赚少的问题，但是一提到如何分钱，他们往往很头痛，甚至认为分钱比赚钱更困难。很多企业的老板到年底发年终奖金时就会左右为难，毫无良策，但他们对薪酬分配又十分重视，因为这不仅涉及个人利益问题，更关乎企业长远发展。一旦分配策略不当，有失公允，企业内部明争暗斗，内耗严重，必然会拖垮企业。

因为大部分企业家并没有受过薪酬分配方面的专业训练，也没有学过人力资源管理课程，再加上大多数人力资源管理的课程中，有关薪酬设计和薪酬管理的内容，大部分并没有从企业老板的角度出发，而是从人力资源管理的角度出发来设计的，与老板的视角有偏差。所以笔者建议，以后将"薪酬管理""绩效管理"这两门课程独立出来，从人力资源管理的板块划到企业家经营管理的板块中去。

第二节 薪酬分配应重点关注的问题

针对员工对薪酬分配不满所引发的薪酬管理方面的一系列问题，笔者认为薪酬分配重点应该关注以下六个方面。

一、薪酬分配的公平性问题

薪酬分配公平性包括两个方面：内部公平性和外部公平性。

内部公平性是指与企业内部的同事比，与身边同岗位的人比，如果干的活差不多，他们拿的报酬比我多、还是比我少。如果相差不多，自然没什么大问题，但如果内部同岗不同酬，则往往容易引发内部公平性问题。

外部公平性就是与外部的同行企业、外区域的同行或其他行业相比，我的薪酬处于什么水平，有没有竞争性。假如同一类岗位，某一企业薪酬明显低于同行水平，员工的收入过低，他必然会到市场上去寻找薪酬更高的企业，有才干的员工会被同行或别的企业挖走。所谓"人往高处走，水往低处流"。如果一家企业的薪酬长期缺乏竞争力，骨干人才早晚会慢慢流失。

二、薪酬分配要考虑员工的能力和素质

有的员工抱怨说：我的素质很高、能力很强，公司给我的薪

酬却这么低。其实，企业管理者很难从短期的工作业绩和工作成果上准确判断出一个员工的能力和素质。但是，企业要不要对员工的潜在能力和素质付费？要不要对员工未来的能力和价值付费？答案是肯定的。尽管短期内测试素质和能力比较困难，难以客观、准确评价，还是需要鼓励员工不断提升素质和能力，关注个人成长、实现个人价值，建立员工导向的企业文化。

目前大多数企业运用绩效型薪酬分配制度，因为用结果、实绩来衡量员工的工作成绩，对企业有利，也易于操作。其实，国际上很多优秀的企业已经开始向能力型薪酬分配制度过渡，也就是说，只要员工的能力有提高、素质有提升，企业就给员工加薪，尽管员工还没有给企业做出很好的成绩和贡献。企业应该鼓励员工持续不断地提升素质、提高能力，这样会给企业未来的快速发展提供强大的推动力。这就像交通工具的推动力不同，发展速度和效果就不同一样，例如飞机每小时可以飞800~1000千米，汽车每小时能跑100~200千米就已经不错了，拖拉机和小电瓶车的时速更是只有几十千米。所以，发动机不同，推动力不同，速度就不同，有高素质、才能出众的员工助推，企业的发展自然也就快。

大多数员工非常注重自我能力和综合素质的提升，这就是强大的引擎，运用好这种人力资源会给企业带来发展的强大动力。所以在薪酬分配方面要激励员工的个人发展，鼓励他们实现个人价值，而不是仅将他们视为公司实现利润的工具和手段。尊重员工、发展员工，才能推动企业发展。

部分优秀的跨国公司已经开始做能力型绩效、素质型绩效评价，进而以绩效评价为薪酬分配的依据，摒弃了传统以工作时间、出勤率等为标准的薪酬考核，很值得我们思考和借鉴。当然，在我国企业发展的初级阶段或草创阶段，往往还不具备为员工的潜力和未来价值付费的实力，但薪酬分配一定要充分考虑员工的能力和素质。

三、不同类型的岗位薪酬分配切勿"一刀切"

有些企业按级别定工资，同一级别的员工薪酬一样，而不管个人的实际绩效；有些企业推行绩效型薪酬制度，统一将总收入的30%或50%拿出来作为绩效工资。这种"一刀切"的薪酬分配制度往往会遭到员工的集体反对。因为不同类型的岗位决定了其工作难度、工作时间等不同，绩效工资的占比应该是不同的。不同的岗位类型，在薪酬分配上应该如何区分？尤其是支持型、定性化的辅助岗位，其绩效应该怎么衡量？

企业内部的岗位可以分成两大类：一种是定量型岗位，另一种是定性型岗位。定量型的岗位，主要包括营销部门和生产部门。营销部门干多少业绩、回款多少、拿多少提成，相对容易衡量，生产部门的绩效也比较容易衡量，如果是计件制生产，那产量、质量、交货期、成本等更容易量化。定性型岗位，包括后勤、行政、技术、财务、人力资源等这些服务型或支持型部门，这些的岗位工作难以量化，绩效难以衡量，他们的薪酬和绩效工资该怎么算呢？显然不能简单论级别或者与定量型岗位"一刀切"。

四、薪酬分配要充分支持企业战略的落实

不少企业的薪酬策略、薪酬制度没有锁定企业战略，无法从长远角度支持企业战略的落实。企业薪酬分配的首要目标并不是体现公平，而是支持企业战略的实施，推动企业的持续发展。企业的薪酬体系如果不能很好地支持企业战略，就失去了薪酬制度的激励效果。

假如某公司在某阶段发展已经很成熟了，在市场上的竞争能力开始下降，企业经营遇到了瓶颈，那怎么办？不少企业会选择裁员、减薪，把重要的岗位和核心人才留住，次要的岗位和一般的人员可能就会被裁撤掉，或者给部分员工和岗位的薪酬一降再降。员工做着与去年同样的工作，今年的薪资却明显下降，这难道公平吗？假如我在这家公司干了十几年，最后被公司裁员，这样做公平吗？假如我原来一年拿50万，现在被公司减薪，降到一年20多万，这样做公平吗？从员工个人角度来看，可能是不公平的。但是企业首先要活下去，不能倒闭，无论是裁员还是降薪，这都是企业面对市场竞争而采取的应对策略，薪酬分配体系首先要支持企业的发展策略，从这个角度来讲，薪酬分配体系并没有大的问题。

五、薪酬分配模式要适应企业发展阶段

企业薪酬模式要与企业生命周期不同发展阶段的特点相匹

配。就像一个孩子在成长的不同时期，需要吃不同的食物。孩子出生后三四个月之内最好是母乳喂养，如果没有母乳就需要配制一些接近母乳的配方奶粉等，当孩子长到15岁了还给他继续喝母乳，那就有问题了，这是在培养"巨婴"。同样，企业在不同的成长时期要采取相应的薪酬策略。企业发展的生命周期一般分为四个阶段，分别是创业期、成长期、成熟期、衰退期。当一个产品或产业走向成熟的巅峰之后，就有可能会逐步走向衰败，这时对企业战略的巨大考验就是，能不能在企业战略上做出重大突破，成功进行转型或者创新。

例如美国的柯达公司，曾经是感光材料、胶片行业的老大，柯达公司发明了数码相机，可是柯达公司不愿意放弃庞大的胶卷市场和老客户，结果被数码相机彻底打败，一代名企黯然陨落。可见，企业自己主动改革创新是很难的。生产数码相机最多的是日本企业，例如索尼、佳能等，但我们后来发现卖数码相机最多的不是数码相机的生产企业，而是一家生产手机的企业——诺基亚。因为每一部手机上都装了摄像头，可以随手拍照、摄像。再后来，诺基亚也衰退了，因为犯了和柯达公司类似的错误。

柯达为了守住自己的胶卷市场，没有及时做重大战略转型，导致失败。诺基亚靠卖数码相机把柯达、索尼打败，结果自己也死掉了，这是为什么？因为手机已经在向智能化方向转变，智能手机可以上网、娱乐、支付、视频通话等，早已不是打电话、发短信的简单工具了。诺基亚没有及时实现战略转型，被苹果彻底打败。因为有苹果的迅速崛起，三星跟进，原来的两个手机老大——摩托罗拉和诺基亚则退出了手机江湖。

苹果手机的红旗又能扛多久？不好说。近几年苹果手机在中国市场的份额逐渐被挤占，销量直线下滑，低端手机消费者被小米抢占，年轻人被步步高的双品牌吸引，中高端的中国消费者越来越欣赏华为，甚至很多企业家手上握的也是华为商务手机，最新的华为折叠手机也开始接近或超过苹果手机的价格。在当前消费者支持国货的热潮中，越来越多的高端人群开始选择华为，华为所瞄准的品牌目标，恐怕也不只是国内市场，而是要在世界范围内与苹果、三星等一决高下。企业需要在生命周期的适当阶段及时实现战略转型，因为没有永远的常胜将军，所以也没有一成不变的薪酬模式。

回顾其发展历程，华为在不同发展时期的战略转型和产品升级战略令人赞叹！其成功之处在于产品战略、人才战略、企业文化与薪酬体系的高度匹配。华为经历了三次产品转型升级。

第一代，20年前，华为是做集成交换机的，做中国电信的座机电话的配套设备、长途电话的程控交换机，产品属于通信设备。当时华为的竞争对手是贝尔、阿尔卡特等大型通信企业，业务模式是B2B，主要客户就是中国移动、中国电信、中国联通、中国网通等通信运营商，服务大型集团客户。

第二代，华为产品开始升级为企业的通信集成系统，开始做企业办公用的路由器、企业通信系统等。这一阶段华为的大型设备卖给大的电信运营商，也开始卖给企业，于是这种中等型企业客户数量就太多了。

第三代，进一步进行兼容式转型升级，第一代大型通信设备还在卖，基站还在全球范围内继续增加。第二代卖给企业的通信集成系统也还在做，业务继续发展。同时开发第三代产品，满足消费品市场，直接做手机、做消费品牌。

从给全世界做几百万、上千万元一个的大型通信设备，到给企业做几十万元一个的通信集成系统，再到给个人做一两千块一个的手机产品，同时都能做得很成功的，全世界只有华为一家。通常的情形是企业各有自己的擅长领域和独门绝技，要么做大型设备很厉害，但做个人消费品不行；要么就是做个人消费品很厉害，做大型设备不行。

华为公司已经成为中国企业发展的标杆，成为民族企业的代表，其转型和创新战略能屡次获得成功，薪酬分配体系功不可没。在薪酬分配上，华为创新性地采用虚拟股权的形式，舍得分钱。企业在不同的发展阶段会提出相应的战略进行转型创新，此时薪酬体系要紧密结合企业发展情况，支持企业战略落地执行，推动企业创新发展。

六、薪酬分配要与企业的人才战略相匹配

企业在不同的发展阶段会采用不同的人才战略，不同层次、不同类型的人才给企业创造的价值、贡献也不一样，所以必须制定与人才战略相匹配的薪酬体系，以帮助企业吸引、留住有用的人才。

当谈到企业吸引人才的时候，很多企业家、创业者常常把"优秀人才"挂在嘴边，笔者建议老板们先把"优秀"两个字擦掉，清华大学、北京大学及海外名校毕业的人才，优秀的确实比

比皆是，但一般小企业或创业企业可能用不起。例如一家互联网创业公司刚刚起步，只付得起五千块的月薪，优秀人才的期望是五万，根本不匹配。所以，笔者认为没有最优秀的人才，只有最合适、最匹配的人才。人才与企业之间是双向选择的，就像谈恋爱一样，你再喜欢人家，人家看不上你，也成不了。通常情况下，企业处于什么发展阶段，就会制定相应的人才战略，此时，薪酬分配要与人才战略紧密结合，可参考同行的薪资水平、分配模式等，灵活运用期权、股权、现金等有效方式提高薪酬竞争力，以便为企业吸引、培养、留住适合企业发展需求的人才。

例如刘备一开始创业的时候和关羽、张飞配合得非常好，随着实力不断壮大，刘备发现军队需要一个军师，于是吸引来了徐庶。徐庶因为各种原因不能跟刘备一起再走下去了，就推荐了诸葛亮。诸葛亮后来又吸引（招降）了姜维，准备培养他做接班人。于是，刘备集团的人才队伍越来越强大，才能够有力量与曹操抗衡。所以，企业在不同的发展时期要吸引不同的人才，在不同的发展阶段要制定不同的人才战略，寻找匹配、合适的人才共同发展，选择合适、匹配的薪酬模式，这样才能不断推动企业的持续发展。

第三节　薪酬分配中的常见弊端

很多企业的薪酬分配制度存在明显的弊端，常见的有以下八种。

一、薪酬结构复杂，福利项目繁多

笔者在给一家企业做培训时，该企业的一名员工悄悄地告诉笔者："我们公司的薪酬体系非常复杂，我都不知道为什么给我发这么多钱，具体是怎么算出来的，完全不清楚。"笔者问公司是否会给他一个累加计算的工资条，他说没有。又问计算薪酬都有哪些项目，他说项目多了，有30多项，数也不数不过来，就像某些电信运营公司的话费账单一样，每一项也不知道是多还是少，搞不清楚。

如果员工连自己的工资、奖金都算不清楚的话，企业薪酬管理方面肯定存在问题。笔者建议，薪酬结构要尽可能地简明清晰，便于计算，让员工自己能够算清楚他的劳动所得。同时也要让他们从薪酬中显而易见地发现自己的加倍努力产生的劳动成果，也就是说绩效高的员工薪酬高。这就是我们倡导的绩效型薪酬模式。

二、薪酬激励的主要对象不明确

有不少企业管理者在发放年终奖时感觉到很头疼，奖金总额是固定的，到底给谁多奖、给谁少奖，或者说谁有奖励谁没有奖励，企业通常缺乏明确的标准，激励对象不明确。例如，公司要拿10万元来给100人发奖金，那100个人平均分，每人得1000元，这样做有激励效果吗？如果给员工加工资，每人每月加 200 元，这是好的激励方法吗？不是，这叫缓冲物价上涨型加工资，因为每隔一段时间通货膨胀会导致物价上涨，这是企业不得已的普涨工资，不然可能会有大批骨干员工流失。每人每月加 200 元，会使固定工资越来越高，能升不能降。我们通常不提倡这样做，那应该怎么办？按照二八原则，重点去奖励那百分之二三十的、重点的骨干人才，通常有 30% 的重点奖励面就够了，需要突出重点。那其余 70% 的人员呢？可以撒撒胡椒面，也要设平均奖、鼓励奖，但是不宜太多，没必要人人有份，总要让 10%~20% 的人员得不到奖励。如果把 20%~30% 的重点优秀骨干与 50%~60% 的普通中间人员和 10%~20% 的落后分子不做区分、混为一谈，都是一样的待遇，这样不但不能激励骨干，反而会伤害到他们的积极性。骨干人才流失，企业竞争力必然会下降。

三、只激励少数"明星员工"，引发内部斗争

另一种极端现象就是公司总是奖励极少数人或者一两个"明星员工"，结果引发内部斗争，薪酬激励不但没对整个团队起到激励作用，反而引发了内耗。如果公司有 200 多个人，就只奖励那几个超级大明星，奖励大别墅、奔驰，公司的奖金是发出去了，但下一年度全体员工的工作积极性有没有大大提高呢？剩下的 190 多人会不会想自己也加油干，明年也要争取住别墅、开奔驰？可能性不大。

因为只奖励极少数的"明星员工"，反而会引发更多的内部矛盾和斗争，给予"明星员工"的奖励太多、太重，很有可能会

让这个"明星员工"在部门内受排挤，被孤立。除了常见的嫉妒心，现代员工普遍有多劳多得、多拿钱多干活的想法，在他们看来，"明星员工"得到了他们无法企及的奖励和报酬，就应该多承担任务、多干活。久而久之，"明星员工"恐怕也很难顺利开展工作了。

四、晋升通道单一，竞争太过激烈

有些企业的薪酬等级只与职务等级挂钩，晋升只有一条通道，那就是当领导干部，进行行政级别的晋升。如果只有晋升为主管、经理才能加薪，就会导致千军万马过独木桥，竞争惨烈。所以笔者建议企业开设双晋升通道，甚至多系统晋升通道，设立行政类、专业技术类、管理类的职级晋升通道。

在采购、生产、后勤和技术工程师等各个岗位上都可以晋升职级和职称，不一定都要晋升为行政级别的主管或者经理。例如工程师系列、业务员系列，会有主管级的工程师，也可能会有经理级的业务员、业务经理或首席业务代表。经理级的业务员就可以享受经理级别的待遇，但他是超级业务高手，一个人独立作业，他不带队伍，他的名片头衔是业务经理，他的职级工资也是经理级的，中层经理开会他也需要参加，也给他发红头文件。所以，企业的晋升通道一定要多样化，企业有必要建立多渠道晋升的体系。

五、只激励短期业绩

很多企业提倡只看结果、不看过程，认为绩效考核就是要求员工拿出结果来、拿出成绩来。这样做无可厚非，只是需要同时兼顾作业过程和长期发展。一切只看当下的结果、只为眼前的结果而努力，可能会提高短期业绩、获得近期显而易见的成果，却可能忽略了基础性的、长远发展的隐患。因为在注重短期业绩的薪酬激励制度下，很多基层人员、业务人员就有可能会做一些杀鸡取卵的短期行为，而没有维护客户的长期打算，不考虑为企业建立长期的竞争力，反而会损害了企业持续发展的动力和长期利益，这些都是过激的短期业绩导向的严重弊端。

六、薪酬制度随意打补丁

有些企业针对薪酬制度做的补充规定非常多，到处打补丁。企业研究薪酬制度的时候没有经过充分讨论，没有征求大家的意见，没有前期试运行，老板想到了就一拍脑袋决定了。宣布实施以后又发现到处有漏洞，于是就做补充规定，补完东墙补西墙，最终薪酬体系非常杂乱。所以，企业在制定薪酬制度时，最好经过各级管理者的充分讨论和顶层设计，将可能出现的问题、障碍和困难进行预想、预防和预警，把制定制度转变为约定制度，通过试行后再整体提升完善。对薪酬制度的修改和补充规定，也不能太随意、太频繁，临时性补充规定可以理解，但当补充规定堆积到一定程度时，就需要把这些补充规定做成正式的文件，或者发布修订版的薪酬制度。

七、平均主义"大锅饭"

在一个企业中共事，员工们很容易产生平均主义"大锅饭"的想法，尤其是在工作内容相似、工作时间差不多的情况下，更何况"不患寡而患不均"的思维也有很悠久的历史。于是一些企业家为了减少内部矛盾，便顺应这种思维采取了平均主义的薪酬分配方式。但实际上，在当下的大多数企业，因为每个人的岗位不同、能力不同、技术水平不同，他们为企业做出的贡献显然也不同。在这种情况下，如果企业内部还实行平均主义的薪酬分配制度，无疑会挫伤业务骨干的积极性，最终也会损伤企业的整体效益，影响企业的长期持续发展。

八、岗位价值与薪资不匹配

薪酬管理中所说的岗位价值失衡现象包括两方面：一是内部失衡，即内部有一些价值大、贡献大的岗位薪资较低，贡献低的岗位薪资反而比较高；二是外部失衡，就是与同行企业或不同行业的其他公司相比，本公司的薪酬水平普遍偏低，导致人才外流。

很多公司把应届毕业生招聘过来培养了两三年，终于成为业务熟手，眼看着要晋升为主管领导了，但这些骨干却纷纷"跳槽"，这是为什么呢？我们调查发现，这些公司基层员工（作业员）的待遇普遍比较优厚，而中层、基层干部，甚至高层干部的待遇普遍不如同行竞争对手，导致工人都很喜欢到本企业来上班，但是管理干部却相反。公司将基层员工培养成熟了，他们就跑到竞争对手那里去。管理干部跑到对手那里去对企业损害很大，因为他通常不是一个人去，而是带一批人去。

这些公司的老板就开始抱怨了，觉得公司花费那么多资源培养员工，但员工翅膀硬了就跑去别家公司了，一点都不懂得感恩！虽然我们积极提倡感恩文化，但是老板和雇员之间，不能只谈感恩，要谈也是相互的感恩。雇员如果一个月不好好工作，老板第二个月就会将其解雇。雇员凭借自己的劳动为企业做出贡献，企业给雇员支付报酬是在与雇员进行价值交换，本质上不存在谁欠谁的问题，商业行为不是无私的奉献和恩情，而是对等的价值交换。如果员工认为他做出了 100 元的价值，老板却只给了他 80 元，他就到外面去找那个 100 元的岗位。因为员工也需要寻找到价值平衡，这也是合情合理的。所以，企业的薪酬管理必须注重与岗位价值的匹配性，如果岗位价值失衡严重导致人才频繁流失，则应积极调整薪酬分配制度。

第四节　薪酬管理内涵与体系

到底什么是薪酬？薪酬有哪些作用？薪酬管理的具体功能是什么？

一、什么是薪酬

狭义的薪酬就是回报和收入,即个人所获得的工资、奖金以及以金钱或者实物支付的各种形式的福利和劳动回报。

广义的薪酬可以分为经济性的和非经济性。经济性薪酬就是金钱、工资奖金和收入,以及其他物质性奖励。非经济性薪酬就是除了物质、奖金之外的精神、荣誉、晋升、地位和工作环境等软性因素。

通常情况下,企业的薪资(包含工资和奖金)成本可占到经营总成本的30%左右。经营总成本已经扣除了固定成本,属于变动成本部分,变动成本扣除了原物料成本后就是经营总成本。当然,企业一般还需要对薪资做一个总额控制,通常的总额控制是把营业额的5%拿出来做薪资总额,其中包括员工的工资和奖金,这是制造业的通常水准。

二、薪酬的三大功能

1. 第一功能——分配功能

分配功能分为一次分配和二次分配:①企业能够赚到钱,就拿出营业收入总额的5%左右分配给员工,这就是一次分配。②将营业收入总额的5%分配给几百个员工,这就是二次分配。二次分配具体应该怎么分呢?是按照岗位、级别分配还是按照绩效、年资分配呢?民族文化不同,企业文化的价值导向不一样,其分配标准就不一样，分配的结果也不一样。

日本企业通常是按照年资进行分配的。按照年资分配是什么意思？新加入的员工薪资就低，进入公司时间越久、年资越高，收入就越高，在公司超过30年的老员工无论业绩如何，收入通常会比年资低者高，日本企业通常实行终身雇佣制。

欧美国家大多数企业按照绩效进行分配。在绩效考核过程中，绩效达成程度高，绩效工资高，相对就分得多。中国的企业与公务员系统不太一样，公务员通常是按照等级、职级和职务分，再结合绩效进行微调。而企业的分配方法则比较灵活，包括按绩效、岗位、级别等多种方法。

2. 第二功能——保健功能

企业的每一位员工都需要解决衣食住行问题，很多人也有养家糊口的压力，企业的薪酬必须要能够保障员工的基本生活水平，满足最基本的物质需求和安全保障，这样员工才能安心工作。

3. 第三功能——激励功能

薪酬分配制度可以吸引人才、激发员工潜能、提高工作效率，同时也能给予员工荣誉、尊重、个人地位等，满足高层次需求。所以，薪酬对员工的行为会有一个很好的引导作用，可以对员工产生较大的正向激励性。另外，良好的薪酬分配制度可以帮助员工建立正确的价值观、确立较高的工作目标，进而鞭策员工提升自我能力和素质。

三、薪酬管理的定义

管理学理论中薪酬管理的定义是：企业依据所有员工的贡献和价值，来确定支付相应报酬的过程和方式。

薪酬管理的目标一般可分为以下四个：

一是不断吸引优秀的、最合适、最匹配的员工。立足于当下，企业需要目前最合适的员工；为了未来的发展，企业还要储备一部分引领未来发展的优秀员工。只有眼前的员工能够维持公司运转还远远不够，企业家还需要着眼于未来的发展，在人才发展上提前布局，而这需要薪酬管理做支撑。

二是鼓励员工提高能力，积极高效地工作。薪酬管理通过奖励优秀员工的方法，鼓励员工不断地提高个人能力和素质，从而积极、高效地工作，按时保质、保量地达成个人和团队绩效。

三是将员工的贡献和价值与其薪酬进行匹配，贡献越大，薪酬越高，多劳多得，实现优胜劣汰。

四是为企业整体战略的实施提供支撑。企业的终极目标是实现企业的整体战略，满足所有利益相关者的利益和价值，能够可持续地发展下去，而薪酬管理必须支持企业整体战略的实施。

四、影响薪酬的因素

为什么同一个行业内不同企业的薪酬水平会有高有低？影响一个企业薪酬水平的因素有哪些？我们罗列了以下两方面的因

素。首先从内部的微观角度来看,然后从外部和宏观角度来看。

1. 内部因素

从微观角度看,首先直接影响薪酬制度的因素包括企业岗位的设置、工作的难易程度、责任轻重、危险性、工作环境等,工作成绩、工作年限等累计贡献,学历的差异,性别的差异,薪酬的模式,福利待遇等。这些因素都会直接影响到员工的薪酬水平。

其次,企业的盈利能力或者薪资支付能力也是影响企业薪酬水平的重要因素,具体包括企业人才的质量和数量、原材料加工、产品销售能力、产品开发能力、成本指数、劳动生产率等。如果本企业的产品附加值高,附加利润高,投资回报率高,那企业的薪酬水平就可以高一些;如果企业的产品附加价值低,利润率低,那薪酬水平一定不会很高,因为企业没有支付能力。

2. 外部因素

从宏观层面来看,除了岗位、工作性质、盈利水平等内部因素之外,一个企业的薪酬水平还会受到外部环境的影响。

首先是社会劳动力的供给状况,即人才供需状况。例如在北京、上海、深圳、广州这样的一线城市,人才的供应量是相对比较充沛的。但是在三四线城市去找一些热门或新兴专业的人才,出再高的薪资可能也找不到,有时候出比深圳高 50% 的薪资也未必能从深圳挖一个技术人才,因为一些小城市无法提供高技术人才所需要的发展环境。

其次是物价水平。主要包括生活费用、物价指数、货币购买力指数等。就近年的情况而言,每年的通货膨胀率以 3%~5%

的速度在增长，如果我们的工资、奖金水平并没有按照3%~5%的速度增长，我今年拿到1000元钱，每隔一年，1000元的购买力水平就会下降5%。如果我的薪酬连续5年没有调的话，我的购买力大概会下降20%~30%，因为通货膨胀是按照滚动利率来进行计算的。所以，物价水平也是影响企业薪酬水平的重要因素。

五、薪酬管理体系

企业家、高层管理者必须要学习薪酬管理的理论，而且必须学会如何建立企业的薪酬管理体系。因为薪酬管理涉及员工的根本利益，是企业经营管理的必要基础。正所谓"根基不牢，地动山摇"。

1. 薪酬管理体系的两个方面

薪酬管理体系包括两个方面：第一个是薪酬管理体系的设计；第二个是薪酬的日常管理或薪酬成本管理。薪酬管理体系的设计包括薪酬水平设计、薪酬结构设计、薪酬构成设计等。通俗来讲，就是要把薪酬制度、薪酬体系建立起来，例如确定好本公司奖金该怎么发、每人该发多少，然后要具体去发放，就要做运营和管理。薪酬的日常管理也叫薪酬成本管理，包括薪酬预算、薪酬支付、薪酬调整等。企业准备划拨多少钱做薪酬预算，然后要进行发放，发完了以后企业发现这里不合理、那里不公平，就需要做一些调整和改善，这就是薪酬的日常管理涉及的事务。所以，管理者需要及时关注问题，发现不足，倾听意见，及时调整，优化企业的薪酬策略。

2. 薪酬管理体系的构成

薪酬管理体系如图1-1所示。

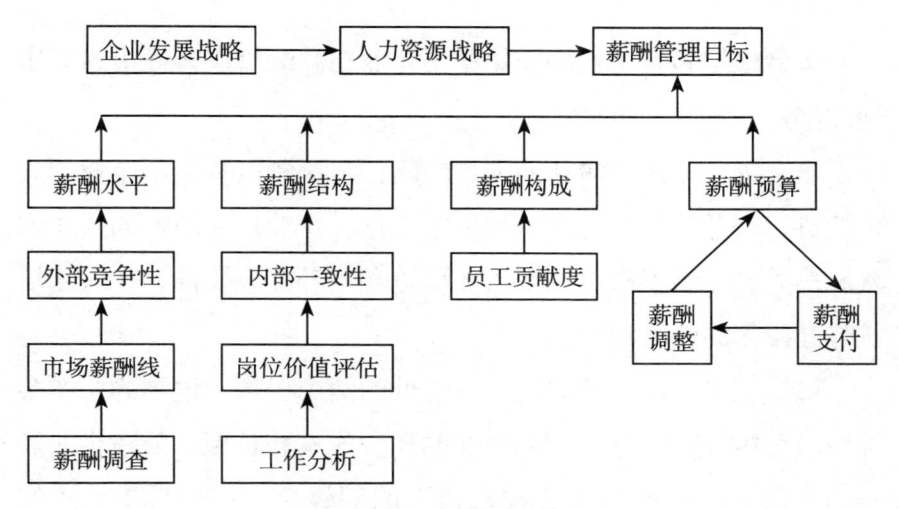

图 1-1 薪酬管理体系

企业发展战略是企业的根本。只有定好了企业的发展战略，才能延续到人力资源战略，再延伸到薪酬管理战略。

薪酬管理战略包含四大项：薪酬水平、薪酬结构、薪酬构成以及薪酬预算、支付和调整，我们称之为薪酬的日常（成本）管理。第一项，薪酬水平是由内部因素和外部因素共同决定的。第二项，薪酬结构需要保证内部一致性，进行岗位价值评估和工作分析，明确岗位职责。第三项，薪酬的构成，具体每一个项目发多少钱，这要与员工贡献度挂钩，员工的贡献度具体怎么来评价和衡量、怎么保证尽量客观和公正，这是大部分企业的难题。第四项，薪酬的日常管理，包括薪酬预算、支付和调整。

第五节　企业薪酬管理应避免的陷阱

笔者根据多年实践经验总结了企业在薪酬管理方面最容易出现的陷阱，一共有 16 条。

第一，企业缺少清晰的人才战略，薪酬制度背离了企业的人才战略。企业高层领导不重视人才工作，企业缺少清晰的人才梯队和培养计划，没有关注到人才引进和培养的重要性，在人才培训方面投入的资源和资金太少。

第二，薪酬水平走向过高或过低的两个极端。过高的薪酬会导致员工懒惰和松懈，增加企业的薪资成本和负担，导致企业竞争力下降。过低的薪酬会损害员工的积极性，引起骨干人才的流失。

第三，等级制薪酬是比较常见的薪酬制度，但其容易演变成官僚化管理体系，会埋没骨干人才或特殊创新型人才。因为有些高技术人才会不拘一格、打破条条框框，可能与现有体系格格不入。等级性薪酬就类似于公务员薪酬体系，主要按照职级、职务来分配薪资、福利和待遇。官僚化薪酬体系没有充分按照贡献和价值付薪，可能会导致员工消极懈怠和不作为，因为多做事、多做贡献了也不会增加收入，所以等级制薪酬需要增加绩效考核力度，拉大同一类职务、职级之间的收入差异。

第四，企业的薪酬体系缺少竞争力，导致高手留不住，庸才赶不走，形成恶性循环。有些企业的薪酬制度可能就具有"养懒

第一章　薪酬分配的困惑和薪酬管理

汉"导向，提倡"没有功劳还有苦劳"，只要是老老实实、勤勤恳恳地做事，就是劳动模范。企业不注重员工的绩效和价值贡献，而是注重长官印象或论资排辈，那些简单服从的小白兔和溜须拍马的老江湖，就会活得很滋润，其实这些人大多缺乏创新能力和工作积极性，在企业内部混日子而已。

相反，高手和骨干人才却很难留得住。例如某企业中入职10年的优秀骨干，一直没有得到重用，没有被老板欣赏，如果他的薪酬没有提升，他的职务或职级没有提升，那么高手必然会长期心情郁闷，通常最后都会选择主动离职，有的或许根本不可能耗费10年时间。骨干离职时可能还会带走一批人，包括公司的核心技术、重要客户等。最严重的情况就是技术总监、营销总监、生产总监几个人联合起来，在马路对面创立了一家新企业，后来新企业发展得很好，这就是小霸王和步步高的典型案例。

第五，同工不同酬，劳逸不均衡，导致员工产生消极情绪，抵触工作。做同样的工作，创造差不多的价值，薪酬却完全不一样，而且没有理由、没有依据。就是有的人工作量非常大，有些人工作负荷不满，成天游手好闲，但是两者薪酬收入差不多，这样的薪酬制度显然不合情也不合理。

第六，管理层的薪酬远远高过基层员工，导致干部和群众的关系紧张，基层员工的情绪低落。有一些大型国有企业曾经存在这样的问题，所以国家有关部门针对这一情况下达过专门指令，限制企业高层和管理层的薪酬与基层员工的差距。由于有些企业在市场上具有一定的垄断地位，其盈利不完全依靠市场销售，所以企业的业绩更多层面上是全体员工的共同成绩。如果管理层的薪酬过高，企业内部收入差距太大，很容易引发基层员工的不满。

第七，拖延薪资，计算经常出错。例如企业规定每个月10号发放工资，但经常拖到20号或者月底，有时甚至2个月的工资合并在一起发。薪资计算还常常搞错，致使员工常常与财务部门起冲突。

第八，未能与员工适当分享公司利润，分配得太少打击了员工的积极性，分配得太多损害了公司未来的发展。所以，企业给员工分红时一定要充分研究，同时有清晰严格的考核标准，既要能调动员工的积极性，同时也不能损害公司整体的利益。

第九，企业与员工之间只有以金钱为纽带的利益关系，缺少双向的情感和发展性依赖。不少企业与内部的员工之间只有金钱交易，没有情感纽带，员工不认同企业文化，没有职业规划，没有占有公司股份，没有参与利润分享，没有做合伙人，员工缺乏安全感，于是工作的时候总是为自己留后路，随时准备撤离。这样的企业，其人力资源就像一盘散沙，缺少凝聚力。员工不能与企业同心同德，必然会影响企业的人才培养和未来发展。

第十，过分照顾弱者或过分打压弱者。企业在薪酬管理方面过分照顾弱者会鼓励懒惰，过分打压弱者会显得残酷无情，让员工缺少安全感和向心力。所以，对于企业内部的弱者，是选择照顾他们还是打压他们，企业管理者需要妥当处理这个两难问题，既要保证企业的工作效率和员工的工作积极性不受影响，也要最大限度地体现出企业的人文关怀，让员工感受到企业的温暖和照顾。

第一章　薪酬分配的困惑和薪酬管理

第十一，人性化管理常常演变成靠人来进行管理，老板一个人说了算，薪酬的随意性太大，缺少依据，容易引发矛盾冲突。大部分企业在薪酬管理方面存在的最普遍的问题就是分配缺少依据，让员工感觉到上级主观评判、分配不公平。

第十二，保密性薪酬制度引发员工猜疑。保密性薪酬制度常常隐含着管理体系的无能，起码显示了管理高层对自家薪酬公平性不自信。否则，如果是多劳多得、公平合理，为什么不敢公开透明呢？销售业务和计件制生产通常是比较透明的，保密性薪酬容易滋生暗箱操作，引发员工的不信任感。比较遗憾的是，我们有90%的企业实行保密性薪酬制度，员工不能在明面上谈薪酬，暗地里的猜疑和传言就比较多，也会对企业产生一些消极影响。

第十三，企业严格控制薪酬成本，设法降低员工的个人薪酬水准，导致薪酬管理无法激发个体创造价值的积极性。管理者误以为给员工降工资就节省了成本，其实却起到了反作用，会损害企业的长远发展。

第十四，薪酬调整过于冒进，缺少延续性、稳定性和绩效评价的事实依据。有些管理顾问给企业推行所谓的薪酬政策调整时，员工一片哗然。有的企业薪酬制度调整幅度过大，引发干部、技术骨干纷纷离职，严重损害了企业的根基。

第十五，享受企业的福利待遇是理所当然的，人人有份，而且应该大家都一样。例如到年底企业要发点年货，可能有两箱水果、十斤牛肉、两斤带鱼等，每个人都是一样的。劳动法并没有强制规定，员工的福利、待遇水准必须一模一样，企业也可以视情况进行灵活处理。

第十六，违反国家相关劳动法律法规，引发法律纠纷和仲裁，得不偿失。与员工的劳资纠纷，可能会影响到在职员工的情绪，最好内部协商解决，不要对簿公堂。员工与公司产生劳资纠纷，仲裁机构通常会站在保护员工的利益、保护劳动者的立场。企业的劳资纠纷也会或多或少地影响到企业的征信和商誉。

这十六种常见的薪酬管理陷阱，相信很多企业或多或少都遇到过。那企业应该如何轻松避开以上陷阱，选择最合适的、与企业发展阶段和企业战略相匹配的、高效的薪酬模式呢？这就是本书后面的章节要解决的问题。

第二章

薪酬模式分析与选择

本书第一章分析了企业的薪酬制度、薪酬分配中常见的问题和陷阱,进而阐述了薪酬和薪酬管理的定义及企业建立科学薪酬管理体系的重要性。本章主要分析薪酬模式及其选择策略。因为在不同的企业战略、人才战略、经营战略和竞争战略下,企业会相应选择不同的薪酬模式,以支持企业整体战略的实施。

第一节 薪酬管理与企业经营管理

一、薪酬管理是企业管理的重要环节

企业经营管理的功能可总结为赚钱和分钱两大方面,而薪酬管理是企业经营管理中非常重要的一环。

企业的发展需要用薪酬管理和绩效管理体系来支撑,需要用流程管理体系来管控工作任务和绩效目标的达成程度,需要用组织管理体系来引导员工的行为表现,需要用科学、客观的考核工

具来评价和衡量员工的绩效成果。薪酬管理可以激励员工努力实现个人价值，促进员工的职业发展，进而推动企业整体的可持续发展。

大部分公司的薪酬制度以同行标杆企业的薪酬制度为蓝本，依葫芦画瓢，薪酬分配以模仿为主。那这些标杆企业的薪酬制度就一定科学合理吗？标杆企业的薪酬制度只代表了某一个行业的薪资水平和通常做法，不一定普遍适用于所有的同类企业。因为企业的发展阶段不同，产品的盈利能力、企业的综合竞争力不同，企业所需要的薪酬制度也会有差异。企业的薪酬制度需要量身定做、动态调整，与企业不同阶段的发展需求相匹配。有些企业管理者热衷于模仿标杆企业，或者喜欢硬套书本知识，这样制定的薪酬制度反而不利于企业发展。

二、薪酬管理体系支撑企业战略

企业战略的实施需要薪酬管理体系和绩效管理体系来支撑，其中具体关系如图2-1所示。

企业战略下面分成两支，一个是事，即工作任务；另一个是人，即人员队伍。这两者从根本上支撑企业战略的实现。企业战略向下实施的过程中就涉及绩效管理体系和薪酬管理体系。

图2-1的左半边关系到工作任务的完成，也就是流程管理；右半边与人员相关，就是组织管理系统。流程管理的功能是调整和规范完成工作任务的工作程序，通常情况下，企业会以客户为中心、围绕完成客户订单来制定企业的业务流程，以使客

第二章 薪酬模式分析与选择

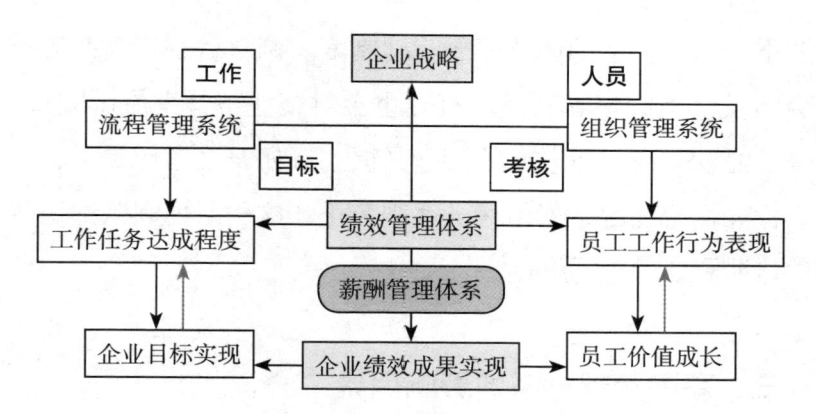

图 2-1 企业经营管理结构图

户满意，在这个过程中就形成了流程管理体系。企业内部各部门和员工的目标是顺利完成工作任务，达成绩效目标，而企业和员工的目标任务必须以客户为导向。可见，以客户为导向的业务流程管理系统必须与组织管理系统相结合，才能确保实现企业战略。

具体到组织管理系统，人员是组织管理系统的基本元素。员工的目标任务完成得怎么样、员工的具体工作表现如何？管理者需要认真考核企业员工的工作表现，将绩效考核和评价结果与薪酬挂钩，进而激励员工不断实现个人价值和个人成长。可见，工作任务目标的达成，员工个人价值的实现和个人成长，两者进行叠加，企业的绩效目标和企业整体战略才有可能实现。而这个后面有一个隐形的支撑，那就是薪酬管理体系。

绩效管理系统需要薪酬管理系统来支撑，两者共同支持企业战略目标的实现。由此可见，薪酬管理在整个企业的经营管理中具有举足轻重的地位。如果企业的员工严重流失，人才引进非常困难，骨干和关键员工的数量没有到达一定的比例，企业管理者就要引起重视，主动调整薪酬管理制度。调整薪酬和绩效考核制度会涉及全员的根本利益，有时也会对企业整体发展影响重大，牵一发而动全身，所以必须慎之又慎。例如怎么考核员工、按照什么标准评价绩效、如何保证客观公正？这一系列问题都是薪酬管理体系需要考虑的重点。

三、薪酬管理体系的影响因素

薪酬管理体系的影响因素大概可总结为三大方面：第一是企业战略因素，第二是企业文化因素，第三是工作管理模式因素。

1. 企业战略因素

企业战略概括起来就是企业发展的目标和方向。战略涉及的内容有：我们企业面向哪些人（目标客户群）；帮助客户解决什么问题（痛点和需求）；我们的盈利模式是什么（赚钱的渠道）；我们的商业模式（价值交换系统）是什么。企业战略比较高深，也非常复杂，管理学界关于企业战略的论著众多。笔者将企业战略简单概括为三句话：面向什么人，做什么业务，怎么持续地赚钱。而企业战略涉及的内容，确定的企业发展目标和方向，决定了企业的薪酬管理体系。

2. 企业文化因素

企业文化就是企业的核心价值观和导向。通俗来讲，就是企业把什么放在第一位，例如第一位的是利润、客户、股东、员工或企业长远发展。企业文化体现在薪酬分配方面就会形成企业的薪酬文化，具体到企业怎么分红、奖励，是贡献大、能力强、绩效高的多得奖励，还是级别高、资历老的多得奖励？薪酬文化是企业文化内部的一个重要组成部分，所谓企业价值观、企业理念和企业精神，也包含企业怎么衡量员工的价值，怎么进行利益分配，企业提倡员工做什么、反对员工做什么，这些都会在企业薪酬管理体系中得到体现。由此可见，企业文化也深刻影响着企业进行薪酬分配的方向和具体方式。

3. 工作管理模式因素

企业工作管理的模式多种多样，从领导风格来看有命令式、授权式、教导式、支持式，工作权力的分配方式有集权式、授权式等。每个企业的工作行为导向也不一样，例如有的管理者关心工作目标的完成（工作导向），而有些管理者更关心员工的心理、情绪和感受（关系导向）。管理者的工作管理模式直接代表着管理者的关注焦点，焦点在哪里，资金、资源也就会相应偏向哪里。所以，工作管理模式也会影响企业的薪酬管理体系。

四、企业文化对薪酬管理体系的影响

企业文化对企业薪酬管理体系具体会产生哪些影响，两者之间的关系是怎样的呢？

1. 企业文化会影响企业薪酬分配的导向

企业文化通常能反映出一个企业的关注焦点，例如关注绩效的企业文化会引导薪酬分配侧重于奖励绩效好的员工，关注个人能力和价值的企业会引导薪酬分配注重激发个人能动性，关注等级的企业会实施等级工资制。级别不同的工作岗位对应着不同的工资等级，一般级别越高、技术难度越大的岗位对应的工资等级就越高，同样的等级就拿同样的等级工资和待遇，这就是等级工资制。等级工资制背后的价值观认为，企业利润应该按照等级分，等级的背后可能是资历和贡献。等级制工资的导向，反映了企业的薪酬文化其实带有强烈的等级观念。等级观念不断被加强，发展到后面就很容易僵化，可能会演变成官僚体系，滋生出低效的官僚作风。我们需要对等级工资制保持一定的警惕性，防止僵化现象出现。

2. 企业文化引导员工认同企业薪酬分配方案

当企业研究出具体的薪酬分配方案以后，如果企业薪酬分配方案会损害员工切身利益，就很难得到员工的认同。所以，企业的薪酬分配方案需要保证平衡，使企业所有利益相关方都得到相应的价值和利益，以使分配理念得到员工的认同和理解。同时，企业可以发挥引导作用，在日常的工作生活中不断宣传企业薪酬文化，引导员工认识、认同企业的薪酬分配方案，并在现行方案下争取获得更高的收入。

第二节 薪酬策略分析与选择

企业选择薪酬策略有两大关键点：第一要遵循薪酬策略必须支持企业战略的实施这一规律；第二要掌握选择薪酬策略的基本方法。

一、把握选择薪酬策略的四个方向

选择薪酬策略大概有四个方向，如图 2-2 所示。这四个方向代表了企业的四个要素，选择薪酬策略要先看内再看外。

选择在某方向上提供多少回报

按照市场价格获得高质量人才（外）

绩效　依据工作任务目标达成程度付酬（结果）

人才市场 ←→ 能力与价值观

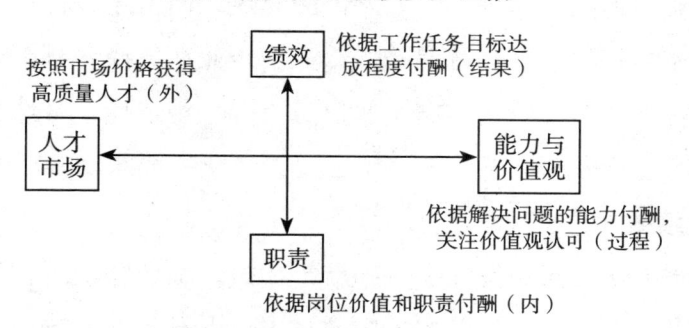

依据解决问题的能力付酬，关注价值观认可（过程）

职责

依据岗位价值和职责付酬（内）

图 2-2　选择薪酬策略的四个方向

1. 岗位和职责

首先要评估一个岗位是否重要，然后按照岗位重要性来付报酬。不同岗位的重要性和价值是不一样的，通常一个岗位的可替代性越强，则该岗位的收入越低；一个岗位的可替代性越弱，越是不容易找到合适的员工，该岗位的薪酬就越高。可见，岗位的重要性、价值和可替代性、风险性等与岗位薪酬有非常密切的关系。因此，选择薪酬策略首先要关注岗位和职责。

2. 人才市场

选择薪酬策略还需要参照人才市场的供需情况。企业在选择薪酬策略时常常会考虑要不要按照人才市场的薪酬水平为员工付酬。如果企业开出的薪酬水平明显低于市场平均水平，例如我们公司这个岗位只能付8000元月薪，但是市场上同行正常都付12000元了，那我们公司在没有其他优势的情况下肯定很难引进人才，在岗的员工也很可能会迅速流失。

所以，选择薪酬策略不但要根据企业的支付水平，还要参照人才市场上的供需状况。如果某一类人才比较稀缺，那么其薪酬就会不断地抬高；而另一类人才供应充足，岗位比较稀缺，那么这类人才的薪酬水平会普遍降低。如果企业在选择薪酬策略时忽略这些客观因素，只是根据企业自身状况主观选择，必然会引起一系列问题。

3. 绩效

薪酬策略选择的第三个方向就是绩效。绩效即贡献，通常价值贡献大，企业所付的薪资就应该越多。但是如何准确、客观地测量和评价员工的工作绩效，是个普遍的管理难题，尤其是不容易量化的支持部门和岗位，绩效评价更加困难。笔者经过多年的研究，发现采取即时化、过程式、游戏化的小星星奖励方式，然后定期给员工进行小星星排行，按照排名顺序进行奖励、加薪和晋级，做到公平公正公开，效果不错。

4. 能力与价值观

薪酬策略选择的第四个方向是能力与价值观。这个方向一般比较不明晰。因为价值和贡献是眼前的，工作可以量化的业务、生产部门等相对比较容易衡量，但员工的能力和素质就不容易被量化，是比较模糊的，需要非常专业的方法和技能才能对其加以评价和鉴别。

第二章 薪酬模式分析与选择

现在企业选择薪酬策略时，主要着眼点为企业文化、分配策略、思想观念、选择方向。那么一家企业选择薪酬策略时，是否按照四个方向平均分配？不可能，应该选一个重点突破的方向。国内大部分民营企业，包括股份制公司通常选择绩效型薪酬，就是按结果、贡献价值付酬。但是绩效型薪酬也有一个短板，就是它不太注重员工未来的能力和素质的培养，绩效型薪酬的哲学就是有奶便是娘，现在有好成果就有高薪酬，过头了可能会变成金钱交换关系。注重绩效的老板常常说的那句话就是：请拿结果来。慢慢成长的员工，老板可能就等不及了。

绩效型薪酬有鲜明的优点，但也有个不利之处，那就是追求看得见的短期利益和成果，有可能会导致很多杀鸡取卵的短期行为。很多员工在做工作的时候，如果短期内能出绩效他就做，至于企业和个人的长期利益，他可能无暇顾及。例如有不少单位的"一把手"任期只有3年，他必须在3年内看得到绩效（政绩），此时他会采取什么措施？答案可想而知。如果跟踪考核他20年，他又会采取什么策略呢？如果不只是考核单个绩效，还要考核更多的综合指标，那他采取的策略显然就更不一样了。

选择薪酬策略一般要考虑以上四个方向，大部分企业是以四个方向中的某一个方向为主，兼顾其他少数的方向。有些优秀跨国公司已经开始从绩效薪酬转向能力薪酬。目前，中国大部分股份公司的薪酬策略是以绩效薪酬为主，少部分公司是以岗位和岗位职责方向为主，企业中的某些部门和岗位只能按照市场化方向。不同公司具有不同的企业文化，选择薪酬策略的方向也有所不同。

二、根据企业发展阶段选择薪酬策略

企业还需要根据自身发展的阶段来选择薪酬策略，企业在不同的发展阶段所选择的薪酬策略是不一样的。企业在创业期，一般会少给一点工资，多给一点股份，因为创业期的企业一般现金流紧张，但是可以割让部分股份给员工。

所以，企业不同的发展阶段应该采取不同的薪酬策略和政策。如果企业开始进入衰退期了，那就必须减员、降薪，留下少部分骨干谋划未来。企业进入成长期（快速发展）的时候，企业开始有现金流、有利润了，而且成长很快，就需要吸引一些骨干人才、优秀人才加以重点培养。所以，不但要给高薪，而且还要研究给他们配置适当的期权股份。

三、结合企业竞争战略选择薪酬策略

1. 结合企业市场竞争战略选择

企业处于市场环境中，时时刻刻都在面对竞争，迎接挑战，必须采取适当的市场竞争策略参与市场竞争。企业制定不同的竞争战略，其薪酬策略的选择也是不一样的，薪酬策略的匹配程度也会直接影响企业的竞争力。因此，企业选择薪酬策略一定要结合企业的市场竞争战略。

2. 结合企业人力资源战略选择

人力资源是企业发展的重要因素。各行业的优秀骨干通常是供不应求，而在人山人海的人才市场上未必有企业所需要的人才。企业所需要的人才也只是本行业人才中很小的一部分，因为二八定律告诉我们，少部分重点、优秀人才永远都是同行企业争夺的对象。那20%的骨干人才，我们企业看上了，别人也盯上了，我们以为给出的薪资很高了，但别人可能出的价比我们还要高。此时，企业采取什么样的人力资源战略来抢夺人才就显得尤为重要，而人力资源战略需要薪酬策略来提供强力支撑，所以，企业选择薪酬策略一定要结合企业当前的人力资源战略。

3. 结合企业整体竞争战略选择

如果一家企业采用市场领先战略，作为企业领导者，应该采取什么薪酬策略呢？此时薪酬要高，还要适当给员工配股份，加大对人才的激励力度，这样才能充分吸引和留住有核心竞争力的人才，进而激发他们做出优秀业绩，提高企业整体竞争力，以助企业在市场上抢得先机。

如果一家企业采取走差异化路线的竞争策略，即在某一个侧面做差异化，突出技术和产品特色，那该企业可能就要以技术研发人员为激励重点，支付给他们较高的薪酬，以鼓励他们做出更好的业绩。其他一般人员就不一定要按照高水平设定薪酬，与市场同行差不多即可。由于企业的产品很有特色，是符合市场需求的爆品，消费者纷纷抢购，这样一来，营销人员的薪酬就不一定要达到很高水平了。

现实中还有不少民营企业采用低成本战略，非常关注物美价廉，产品越便宜，越要控制成本，否则无利可图。为了压缩成本，不少作坊型企业不做技术研发，没有总工程师、人力资源部和采购部，行政部兼代购，有的企业连行政部也没有，只有一个综合管理部。综合管理部除了生产和销售什么都管。显然，企业采取低成本战略，就只能在各方面进行节约和控制成本。采取低成本战略的企业在产业周期的末端常常会被淘汰。

企业采取的战略不同，所需要的关键人才也不一样，其不同岗位的重要性也不一样，必须相应选择匹配的薪酬策略。

四、结合企业长短期利益选择薪酬策略

1. 薪酬策略要与企业的长期和中短期利益相结合

企业管理者不仅要盯紧眼前的短期利益，还要看到企业未来的中长期利益。如果过分强调短期利益，就有可能会损害企业未来的竞争力。正如有些企业完全执行绩效制薪酬，只看结果和当下的收益，不看过程、不看能力，也没有耐心去培养人才和建设团队，只要眼前的三分利，导致企业未来发展缺乏后劲。

2. 薪酬策略还要与企业市场开发情况相结合

新开发市场需要投入的前期成本是巨大的，可能使后期收益回报较好，但也可能会有一定的风险。不少企业的薪酬策略在针对新老市场的分配上存在不少问题。例如，企业某片区市场一年能够做2000万，负责这一片区的业务员的收益（业务提成）大概有1%，即一年能赚20万。如果他觉得一年赚20万也够了，反正都是老客户，每年都有订单，会定期给他们发货，服务质量

第二章 薪酬模式分析与选择

也还不错，他就可以躺在功劳簿上吃老本。关键问题是，这个成熟片区市场是不是只能做 2000 万？如果好好做，应该可以做到 5000 万的，但是业务员觉得够了，要再去开发新客户，开发成本通常是维护老客户成本的 5 倍。那业务员有可能需要把这 20 多万全部搭进去才会奏效，至少也要投入 10 万进去。开发新市场是攻城略地，伤亡很大、成本巨大，后期的收益还不确定。那么企业对开发新客户有没有一个特别支持或奖励呢？也没有，还是 1% 的提成。此时，企业的薪酬策略明显不能支持和鼓励员工开发新市场、新客户，需要调整。

3. 选择营销薪酬策略时要眼光长远

在确保眼前生存的前提下，企业家要瞄准企业未来的发展战略，厘清企业发展的重点目标。在薪酬分配策略方面，我们建议把存量业务与增量业务、老客户和新客户分开，在保证存量业务不流失的前提下，向增量业务和新开发客户倾斜。

假如让你去负责某区域市场，该区域目前有 2500 万存量业务，新增业务和存量业务一样，都给你一个点（1%）的提成，你开发新业务的积极性如何呢？不开发新业务，就拿存量业务的提成也是可以的，一年有 25 万。开发新业务，提成与存量业务一样，是不是低了一点？是不是可以提高到 3 倍甚至 4 倍？如果第一年开发的新业务提成提高到 4 倍甚至 5 倍，你喜不喜欢干？老的业务提成 1%，新的业务第一年提成 5%，第二年 3%，第三年以后 1%（或者第四年以后都是 0.5%），这样考核你有没有动力开发新业务？这样计算，开发新业务的提成就是第一年的 5%，再加上第二年的 3%，企业一共给了你多少？8%，去除原来的

1%，多给了6%，以后的提成就都是1%，你想不想冲一下？假设新业务的提成提高至5%，比较一下新算法和旧算法的业绩、收入：

新算法：如果第一年新增业务500万，我就能拿到25万的提成，总收入是50万。第二年再新增500万业务，增量提成是25万+15万=40万，总业务是3500万，第二年总收入就是40万+25万=65万。第三年也新增业务500万，总业务是4000万，总收入是：25万（第一年）+15万（第二年）+5万（第三年）+25万（存量）=70万。

旧算法：存量业绩是2500万，收入25万。第一年新增500万，总业绩为3000万，收入30万（新业务的提成是5万）。第二年新增业务500万，总业绩为3500万，收入35万（新业务的提成是10万）。第三年新增业务500万，业绩4000万，收入40万（新业务的提成是15万）。

两种算法明细见表2-1和表2-2。

表2-1 增存量薪酬新旧算法比较一

单位：万元

存量业绩2500万元；每年新增500万元		旧算法 新旧业务提成均为1%	新算法 新业务第一年提成5%，次年提成3%，以后常年提成1%，存量业务每年提成1%	收入增加
第一年	业绩	3000	500+2500=3000	20
	收入	30	25+25=50	
第二年	业绩	3500	500+500+2500=3500	30
	收入	35	25+15+25=65	

续表

存量业绩 2500 万元；每年新增 500 万元		旧算法	新算法	收入增加
		新旧业务提成均为 1%	新业务第一年提成 5%，次年提成 3%，以后常年提成 1%，存量业务每年提成 1%	
第三年	业绩	4000	500+500+500+2500=4000	30
	收入	40	25+15+5+25=70	
第四年	业绩	4500	4500	30
	收入	45	75	

表 2-2 增存量薪酬新旧算法比较二

单位：万元

存量业绩 2500 万元；每年新增 500 万元		旧算法	新算法	收入增加
		新旧业务提成均为 1%	新业务第一年提成 5%，次年提成 3%，以后常年提成 1%，存量业务每年提成 0.5%	
第一年	业绩	3000	500+2500=3000	7.5
	收入	30	25+12.5=37.5	
第二年	业绩	3500	500+500+2500=3500	17.5
	收入	35	25+15+12.5=52.5	
第三年	业绩	4000	500+500+500+2500=4000	17.5
	收入	40	25+15+5+12.5=57.5	
第四年	业绩	4500	4500	17.5
	收入	45	25+15+5+5+12.5=62.5	

表 2-1 的新算法对业务人员更有利，企业的营销费用成本较高。表 2-2 的新算法可以控制企业的营销成本，也能调动业务人员开发新客户的积极性，但需要注意一点，在企业换轨期，如果业务人员的收入急剧下降，可能会在短期内导致人员流失现象，

需要设定一个缓冲期和保护期，保证人员队伍的稳定性。

所以，企业在选择营销薪酬策略的时候要做到十大分开，即老业务与新业务分开、存量业务与增量业务分开、老产品与新产品分开、高利润产品与低利润产品分开，等等。做好区分，然后着眼于企业长远利益来采取薪酬分配策略，这样才有利于调动业务人员的积极性。

4. 薪酬策略要重点聚焦于提高企业劳动生产率

薪酬策略的基本功能就是鼓励员工的工作积极性，提高全员劳动生产率。如果企业条件适合，可以尝试推行计件工资或小组核算薪酬分配模式。小组核算即划小业务单位，成立独立模拟经营的小组，进行内部独立核算，本组成员的收入直接与所创造的价值和贡献钩挂，可以有效推动企业降本增效。

5. 薪酬策略要适当提高干部薪资

企业如果聚焦于提高管理水平，就需要提拔干部、培养后备人才。应届大学生入职后，不要直接放到基层岗位去或只是让他做普通员工，将重点院校的本科生、硕士研究生派去做普通店员，谁会好好干？企业的通常做法是招来毕业生以后建立管理培训生晋升阶梯或管理培训生小队，如"飞虎队""飞鹰团""特种兵"等。企业公开申明，管理培训生是培养"特种兵"，需要先下基层3~6个月，到各个岗位去锻炼，熟悉公司运作的全流程。公司承诺：6个月以后可择优晋升为储备店长，担任3个月储备店长之后可择优晋升为店长，担任6个月店长之后再晋升为区域主管，后续可培养为总监。这样一来，这些高才生就可能会积极主动地参加6个月的基层锻炼，心中有希望才会更有干劲。

当管理培训生下基层时，企业就可以观察这些新进员工，看他们在下基层、做店员时的工作态度和工作能力，人事部门可据实际情况做筛选。与此同时，对于这些储备人才也要采取合适的薪酬分配策略，以为企业争取优质的人才，优秀的管理团队后续必然有助于提高企业管理水平。

6. 薪酬策略要重点支持销售队伍，增加新客户业务

一般而言，企业发展的重点和方向是什么，就要在这方面加大投入和重点扶持。而企业最终需要提供产品和服务，在市场竞争日益激烈的当下，产品和服务的销售、企业利润目标的实现，离不开强大的销售团队。企业要重点培养销售队伍，开发新区域、新市场、新业务，那就需要在这个点上加大刺激度，给销售队伍较高的薪酬待遇，鼓励他们创造更好的业绩，"好钢用在刀刃上"。然后根据企业具体目标和业务情况，调整优化分配和激励政策，这样业务员的激情和干劲才会向企业指引的方向发展。

五、平衡新老员工利益，保持弹性

企业的薪酬体系需要考虑到新老员工之间的平衡性。薪酬分配如果过分照顾老员工，则会打击新员工的积极性，同样，过分照顾新员工，会让老员工心里不平衡，产生抱怨。有些企业的确有此类极端情形：①同样的工作岗位，新的大学生来了，工资就比老员工翻一倍，这时老员工就会有意见了，为什么不是同岗同酬？②另一个极端则是，新人来了以后，发现老员工的工资就是高，工龄工资每一年就加两百块，某老员工已经跟着老板有十多年了，工龄工资就比刚入职的员工多两千块，干的活是一样的、贡献是差不多的，只因为工龄长，工资将近差一倍。

　　工龄工资，在工资构成中一般要有，但不能太高，而且要适当封顶。通常情况下，笔者建议工龄工资封顶额大概在1000元左右。例如，100元1年，10年封顶，最多1000元。笔者曾经见过一家企业的工龄工资，1年加200元，而且上不封顶，结果公司看门的老张因为跟着老板15年了，他每月的工龄工资就是3000元，一般普通的保安（当时）一个月的总工资只有800多元，结果新来的行政部经理老想着把老张赶走，为什么？因为其他人员都不服气，凭什么？老张年老体弱了，每月还拿3800多，年轻力壮的小伙子只拿800多，这样的差距就引起了员工之间的矛盾。老板解释说，这个是工龄工资，我们公司就是这么规定的，多干1年就加200，新员工可以多熬几年也会涨上来的！于是年轻员工就纷纷离职。而老张就很高兴：要熬到30年，每年加200工龄工资，不就6000了。老张死活也不肯离职，对老板无比忠诚。

　　这样设计工龄工资是不合理的，老员工的确需要适当的安全感，但薪酬设计要让员工既有稳定感又有危机感，这两者之间要做好平衡。稳定感太好，会懈怠；危机感太大，没有安全感，会有抱怨，这是个两难的问题。当企业提拔新干部时，需要制造一些鲶鱼效应，即引入竞争机制。北欧盛产沙丁鱼，生产出口沙丁鱼罐头，一般沙丁鱼一出水面，大概几分钟就会死掉。但有一个船夫的沙丁鱼不会死掉，从捕鱼港口到镇上卖鱼的集市大概要半个小时，他的鱼总是很新鲜的。后来他透露了秘密，就是往船舱里放一两条专门吃沙丁鱼的鲶鱼，这种天敌一进去就要吃沙丁鱼，沙丁鱼就尽力逃命，这就保持了活力。同样地，企业也要适当增加员工的危机感，引入淘汰和竞争机制，不断激励和保持一定的新鲜度和活跃度。

另外，薪酬制度还需要保持一定的弹性，不宜大起大落，变化太大。一下子加了很多不合适，一下子降了很多也不行，如果像过山车那样产生失重的感觉，那些有高血压、心脏病的人，可能会承受不了。企业每次进行薪酬改革，常常会搅得人心惶惶，这总不是很好的现象。调整薪酬要像调整物价一样，循序渐进，进行柔性调节。我们发现物品涨价通常都是稍微涨一点，过两个月再涨一点，一次只涨一两元，再涨一两元，慢慢累积。企业调整薪酬也需要如此。

第三节　五种经典薪酬分配模式分析

一、五种经典薪酬分配模式

经典的薪酬分配模式有五种：第一是职位制或岗位制；第二是能力制；第三是绩效制；第四是市场制；第五是年薪制。

岗位制薪酬模式也称为职位制薪酬模式，就是按职位给员工支付薪酬。能力制薪酬模式是按照每个员工的能力大小来支付薪酬。绩效制薪酬模式按照员工所创造的价值和绩效来支付薪酬。

市场制薪酬模式参照同行或市场的薪酬水平来为员工支付薪酬。这四种薪酬分配模式就是跟着不同的内容和指挥棒走：跟着岗位性质和岗位价值走，跟着员工能力和素质走，跟着员工的绩效、价值贡献走，跟着人才市场的供需情况走。

第五种是年薪制薪酬模式。企业对普通员工不会实行年薪制，那年薪制通常针对哪些人呢？一般企业只对高管、总监及以上的重要干部才采取年薪制。年薪制薪酬分配模式通常会参考岗位、能力、市场和绩效等多种指标，按照一年的综合经营绩效和利润成果来支付薪酬。

企业薪酬模式一般是按照企业所选择的整体战略方向来确定。例如，绩效制薪酬模式匹配成果和绩效方向；岗位制薪酬模式匹配不同岗位类别和职责差异较大的情况；能力制薪酬模式注重个人的才干和能力大小；市场制薪酬模式关注当前人才市场的供需状况；年薪制薪酬模式体现多方面的综合效果，也会根据高管、关键人才的供需市场随行就市，更关注人才所创造的经营绩效。

二、职等薪酬模式

传统的主要薪酬制度是职等薪酬模式，也就是等级薪酬模式。公务员制度就是比较典型的职等薪酬模式，也有不少集团公司采取职等薪酬模式。职等薪酬模式有利有弊，好的方面就是把员工按照不同的岗位和职级来分等级，等级越高收入越高。弊端之一就是，职等薪酬容易演变成僵化的官僚体系，使员工丧失奋斗者的工作作风。弊端之二就是可能会导致企业内部"马屁文化"和"唯上文化"盛行。一般会引发这样的问题：如果领导很喜欢你，就给你升级、加薪；如果不能得到上级领导的欣赏和认可，即便你的能力和绩效好于比你级别高的同事，你的级别可能会升得比较慢，薪酬相应也涨得很慢。长此以往，员工可能会把工作重心放在使上级领导开心、喜欢上，拍领导马屁，无论领导说得是否正确都随声附和，更糟糕的情况就是拉帮结派，贪污腐败，打击异己等。很显然，这种乌烟瘴气的企业文化既谈不上公平公正，也不利于企业的长期发展，中国古代的官吏制度就是一个典型的反面例子。所以，企业应谨慎采用职等薪酬模式。

三、岗位制薪酬模式的两种方式

岗位制薪酬模式有两种方式：一种是一岗一薪，另一种是一岗多薪。一岗一薪就是一个岗位对应一种薪酬，也叫同岗同薪。还有一种就是同岗不同薪，同一个岗位也要分多个等级，可以分为良、中、优，对应不同的系数，把收入差距拉开。

海尔的一岗多薪模式是最经典的。海尔把每一个岗位都分为三个等级，对一个岗位实施三工并转政策，分为 A 优秀工、B 合格工、C 试用工，合格工对应 100% 的薪资系数，优秀工就对应 150% 的薪资系数，增加了 50%，试用工就只有 50%（必须要高过最低工资标准），即 A=1.5B，C=0.5B，B=1.0B，月底再累计每个人和全部门的 B 值，按照不同的基数领取自己的工资收入。

如果合格工1个月拿1000元，试用工就拿500元，优秀工就拿1500元，明显拉开收入差距。而且试用工只给3个月试用期，3个月之后如果还不能转为合格工的话，就会被警告或留职察看，6个月再不转为合格工，则立即淘汰。因为不能胜任本岗位工作，只能自动离职，这就引入了良性竞争的淘汰机制。这也是岗位制薪酬模式的变形，叫一岗多薪。法律并没有规定同一个岗位就必须要拿完全一样的薪水，即同工同酬。同工同酬本身没问题，但是在同一个岗位做相同工作的不同人员，他们的工作态度、完成的质量、工作的数量、所创造的价值可能不完全一样。所以，同样在电工班，有的人坐在那里喝喝茶、看看报纸，有的人对客户的响应速度很快、服务态度很好、专业技术也很棒。很明显，给这两种员工一模一样的薪酬是不公平、不合理的。

所以，企业采用岗位制薪酬模式也可以根据本企业的特殊情况，进行一些调整和补充，以使企业薪酬分配模式能更好地支撑企业发展战略的实施。

第四节　当前企业常用的薪酬模式

企业当前比较常用的薪酬分配模式可概括为九种。

一、结构工资制

结构工资制即员工的收入由多个部分组成，薪酬是一种组合式的结果。这种薪酬模式在企业中运用比较普遍。大部分传统国有企业采用结构工资制，其员工的薪酬包括基础工资、岗位工资、技能工资、效益工资、浮动工资、年终工资（年终奖）等。如果员工有职级晋升、职务升迁就会加基础工资和岗位工资。其他的收入部分就按照各自的实际条件对号入座。

如果某员工最近被提拔，职务晋升了，他原来是科员（职级LV2），现在晋升为副科（职级LV4），基础工资对应着职级，从LV2升到LV4，基础工资就会增加200元。岗位工资对应副科长，需要在原来科员的基础上加上职务工资，即岗位工资。技能工资方面对应技能是否提高，如果没有新的提高就不加了。效益工资即奖金，一般等于部门奖金基数＋个人系数。浮动工资主要是根据员工有没有特别的重大贡献而定。工龄工资就是每在公司工作一年加50元，通常5~10年会封顶。笔者见过最低的工龄工资是每在职一年加10元，20年封顶，这样最高的工龄工资就是200元。通常工龄工资封顶大概在200~1000元，大多数企业在1000元以内，需要控制住工龄工资的比例。

二、岗位等级工资制

岗位等级工资制即一个岗位对应一个薪酬数值（一岗一薪），或者一个岗位对应多个等级薪酬（一岗数薪）。这种薪酬分配模式上文已做分析，此处不再赘述。

三、岗位技能工资制

岗位技能工资制，就是岗位加技能对应不同的工资等级。每个岗位对应一定的岗位价值，但同一岗位上的每个员工的技能水平也不同，于是员工的工资就按照不同的岗位价值再叠加技能工资来计算。技工的等级通常有八级，在传统国有企业，初级工晋升为中级工和高级工之前，需要参加相应的培训和考试，合格以后才可以晋升，最高的技工等级是八级工，等同于高级工程师。技工等级分别为一级工、两级工、三级工、四级工直到八级工，八级工的工资最高。类似于下围棋的棋手，可以分为九段，九段棋手的工资可能最高。采用岗位技能工资制，在同一岗位上的不同技术等级的员工拿到的工资是不一样的。

四、岗位薪点工资制

岗位薪点工资制很像人民公社时期的工分制。什么叫工分制呢？就是按照你的岗位、责任、岗位技能等级、工作强度难度和工作条件等，给这个岗位打工分系数（点数），一个小时多少工分，实际计薪就是工分系数乘以工作小时数。按照岗位的强度、技术难度、工作条件、学习的风险、可替代性来确定工分系数。这样一来，在同样的工作时间内，工分系数越高，薪酬工资也就越高。岗位薪点工资制也是一样的原理。

五、岗位绩效工资制

岗位绩效工资制是企业运用得比较多的薪酬模式，就是典型的绩效制，即按照绩效成果来确定绩效工资。目前大多数上市企业和现代企业普遍采用这种薪酬分配模式。

六、职能等级工资制

职能等级工资制是一种混合薪酬分配方式，包含绩效、职级、能力、职能和岗位等多方面元素。职能等级工资制有四个显著特点：第一，保持绩效导向；第二，按照职级、等级进行区分；第三，比较重视职能和能力；第四，以岗位价值评估为薪酬分配依据。区分职能等级和等级晋升，主要依据员工的绩效贡献、岗位价值、能力和素质的等考核指标。

七、技术等级工资制

技术等级工资制主要针对技术部门。通常是针对技术工程师、研发部门、技术部门，甚至是生产车间里的技术工人。生产技术工人需要按照技术等级分级，如一级、二级、三级一直到八级，技术工程师也分为一级、二级、三级，工程师职称可以分为助理工程师、工程师、高级工程师，高级工程师也要分一级、二级和三级，就像高校的教授也要分一级教授、二级教授、三级教授、四级教授等。在采用技术等级工资制的企业，不同的技术等级对应着不同的薪酬等级。

八、谈判工资制

所谓谈判工资制，就是薪酬跟着市场供需情况走，随着市场价格水涨船高。企业中通常有两类人适合谈判工资制：第一类是财务专业人才；第二类是技术研发的专业人才。这两类专业人才有三个特点：第一，内部无法培养；第二，市场上这类人才比较稀缺；第三，通常是高工资、高待遇，企业必须要给足够的薪酬，这些稀缺人才才有可能会来，而且这类稀缺人才的考核通常不跟绩效直接挂钩，因为此类岗位的价值比较难以量化。例如营销总监、生产总监的工作业绩通常可以直接跟绩效挂钩，可是研发总监的研发成果怎么直接跟绩效挂钩呢？如果只有研发总监先研发出一个新产品，这个产品在市场卖得很好，企业才去高薪聘请研发总监，那恐怕也很少有人能研发出新产品。目前很多有实力的企业都会高薪培养或者引进高技术人才，以期研发出畅销的、有竞争力的产品，为企业带来利益。

九、项目薪酬制

项目薪酬制主要针对阶段性专项项目。例如互联网企业、房地产企业、建筑工程项目、装修装饰工程项目等，一般在管理上会按照每一个时间段对项目的工作任务进行细化，设定阶段性的工作目标和业绩考核细则，以保证按期完成项目。等项目顺利完成以后，企业再做一次性的奖励。所以，项目薪酬制的薪酬结构就是基本工资再加该项目的效益奖金。

第五节 四种典型薪酬模式的特点

企业薪酬模式与企业管理方式之间联系紧密，以工作管理对象做横坐标，包含岗位职责、工作任务和个人员工，以绩效产出的对象做纵坐标，包含个人、团队和企业，如图2-3所示。根据管理方式与薪酬模式的关系可将企业的管理模式概括为以下四类。

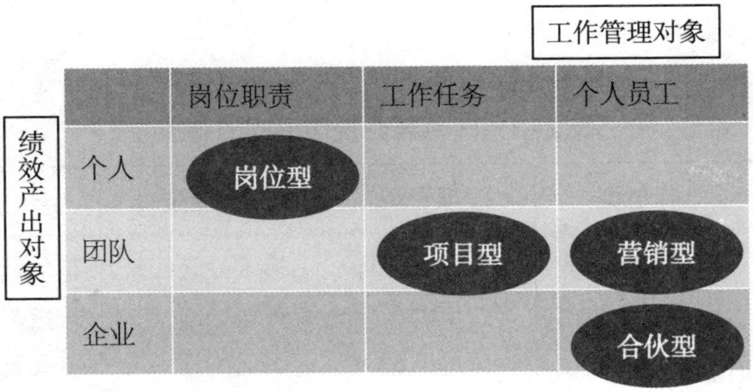

	岗位职责	工作任务	个人员工
个人	岗位型		
团队		项目型	营销型
企业			合伙型

图2-3 管理方式与薪酬模式的关系

第一类，岗位型。工作管理的对象是岗位职责，绩效产出对象是个人，这一类关系通常对应岗位型薪酬模式。在岗位型管理模式下，每个员工独立完成工作任务，胜任自己的岗位职责。

第二类，项目型。工作管理的对象是工作任务，绩效产出的对象是团队。通常一个人完不成这项工作，就好像建筑一栋房子或装修一栋房子的工程，必须要有一群人合作完成，这就是团队作业。

第三类，营销型。工作管理的对象是个人，但是绩效产出的对象不是个人，而是团队。如果企业要争取一个很大的项目，这个大项目一个业务员搞不定，必须要一队人才行，例如五个业务员组成一个营销小分队，共同努力去拿下某一个企业的大项目，在这种情况下，企业必须采取营销型管理模式。

第四类，合伙型。工作管理的对象是个人员工，但是绩效产出对象是整个企业，而且工作的时间跨度比较长，可能是一年以上的，在这种情况下，企业应采取合伙型管理模式。

以上四种典型管理模式都有各自的特点，具体如表2-3所示。

表2-3　四种典型管理模式的特点

	岗位型	项目型	营销型	合伙型
工作目的	保证工作可靠 应用专业技术 控制风险	满足闭环目标 客户满意与改进 稳定的回报	追求最大回报 市场导向 灵活的技术	整体目标 开拓创新 机动灵活
工作特点	职业化、机械化组织界限明确工作等级严格	以客户为中心 团队工作改进	特种兵分队 扁平化组织 多功能专才	风险驱动 强调工作角色 强调人际关系

续表

	岗位型	项目型	营销型	合伙型
工作关系	明确权限 专业化分工	工作协议 价值一致 互利互惠	个人负责制 资源共享	战略一致 利益一致 交易价值
工作者特点	职业化专才 自我控制 等级制 安全	团队协作 服务意识 个人影响力	主动 自信 灵活性 个人影响	积极主动 人际和谐 实用主义 冒险尝试

岗位型管理模式主要以岗位能力为导向，所以相对比较固定，在哪个岗位大概就拿多少工资，偶尔稍有波动，但也是以这个标准为中位线。采用营销型管理模式的企业会先定好营销的协议、绩效目标，需要按时达成，然后按照达成的效果来支付薪酬。项目型管理模式按照项目职责完成的情况来支付薪酬。合伙型管理模式类似于公司的合伙人制，公司合伙人分红，通常是一年以后才能做总决算进行分配，每个合伙人都会参与分享企业的利益，在平时有一个基础薪酬，但是合伙人之间并没有什么层级之分。所以，这种合伙型、共享型管理模式应该是未来的发展趋势，未来采取此类管理模式的企业可能会更多，例如员工会有一些股权或期权等，能够参与公司的分红，分红构成员工收入的重要组成部分。

这四种企业管理模式也对应着四种薪酬模式，即岗位型薪酬模式、项目型薪酬模式、营销型薪酬模式和合伙型薪酬模式。四种薪酬模式的具体特点如图2-4所示。

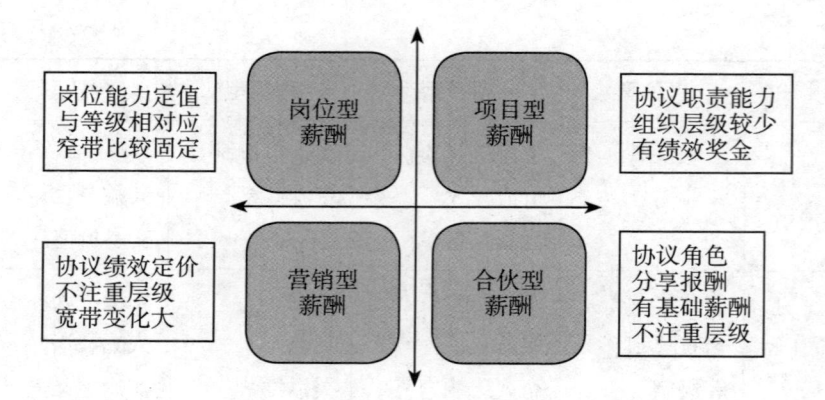

岗位能力定值 与等级相对应 窄带比较固定	岗位型 薪酬	项目型 薪酬	协议职责能力 组织层级较少 有绩效奖金
协议绩效定价 不注重层级 宽带变化大	营销型 薪酬	合伙型 薪酬	协议角色 分享报酬 有基础薪酬 不注重层级

图 2-4　四种典型薪酬模式的特点

第三章

薪酬结构与薪酬体系设计

前两章分析了企业在薪酬管理方面存在的普遍问题，厘清了薪酬管理的基本概念，明确了选择薪酬模式的基本方向。当企业选择了薪酬模式以后，接下来就要开始设计具体的薪酬结构和薪酬体系了。

第一节 设计薪酬体系的六原则

企业设计薪酬体系的过程中会涉及很多方面，必须遵循一些基本原则，大概可总结为以下六大原则。

一、公平性原则

企业设计薪酬体系的第一原则是公平性原则，公平性包括内部公平和外部公平。所谓内部公平，就是内部价值取向能够达到平衡，即公司内部的岗位之间需要达到一定的公平性。不能出现重要岗位薪资还没有次要岗位多的情况，那样一定会引发同事之间的不平衡和矛盾。人力资源管理中有一个岗位价值评估工具，可以评价不同岗位的价值，然后对应不同的薪资。企业的内部价值取向要正确，不能发生严重偏差。不能因为跟老板关系好就可以拿高工资，也不能因为是老板或企业高管的亲戚就可以拿高工资；工龄与薪酬不可呈线性增长关系，同一岗位老员工的薪酬不能明显比年轻新员工高很多。因为此类情况都属于内部不公平现象，都会引发矛盾和一系列问题。

外部公平性，就是跟别的公司、别的行业相比，企业薪酬是否具有一定的优势和竞争性，最起码应该与同行业的薪资水平相差不多。企业在执行薪酬制度的过程当中，是否公平、公正、公开，是否具有适当的激励性，最后的衡量标准是员工的切身感受，如果员工感受还可以，说明企业的薪酬与外界相比尚属正常。在实践中，我们发现有不少公司的不少员工对企业的薪酬不太满意，其实他们拿得也不少，但就是感受不好，时间长了就会引发一连串问题。这或许是因为员工的自我期望值过高，或许是因为企业与员工的沟通不畅通。

薪酬的公平性并没有绝对的数据和标准，只是一个相对概念，而且往往以个人的感受作为衡量工具。个人的感觉有没有道理可言呢？感觉是不讲道理的。这就说明企业的管理层在公平合理地设计薪酬制度方面，还需要深入地做一些思想工作，要增加一些情感沟通，管理学上称之为薪酬沟通。这一项工作应该被企业家及企业高管重视起来。

如何体现企业薪酬的公平性呢？那就是依据适当的规则，针对适当的人所做的适当的事情，以适当的方式，公开予以适当水平的奖励。其中，适当是最重要的，如果有所偏差、不适当就无法达到公平性结果。不适当就是过多、过少或者没有做及时的兑现，在数量、质量、水准方面都存在不足和问题。

二、竞争性原则

企业设计薪酬体系的第二原则是竞争性。因为企业的人才是可以在市场上自由流动的，如果企业给他的薪酬太低，他会抱怨、会反馈、会抗争，若没有效果他可能会选择离职。大部分优秀骨干最后选择离职，通常都是因为企业的薪酬缺乏竞争性，因为他在别的企业可能赚到更多，或者说他认为自己创业可能会比在公司赚得更多。为了保持企业薪酬的竞争性，通常建议企业保证重要岗位比同行薪资水准略高，大约高出 10%~20% 即可。如果有特殊人才就做特殊处理，也不会对同行的薪资水平造成不好的影响。

三、经济性原则

企业设计薪酬体系的第三原则是经济性原则。经济性原则是一个矛盾的统一体，我们都希望给干部、员工发放更高的工资，但是企业的承受能力是有限的。最关键的问题是，如何在企业的承受能力与员工的高薪资需求之间，取得一个相对的平衡。

为了达到这个平衡，企业就需要做薪酬总额控制，把企业的利润蛋糕切好，尽量达到合理分配、皆大欢喜的局面。企业的发展需要合理的积累，员工的价值也需要及时给予肯定和奖励，达到多方的利益和价值平衡。所以，企业需要合理地配置人力资源，即精心定岗定编、动态调整。如果薪酬总额比例不足、过剩或者过高都是有问题的，老板（股东）赚得太多，员工分得太少，员工会抱怨；员工分得过多，企业没有积累，那将来的发展可能也会出现后劲不足，抗风险能力也不够。

四、激励性原则

企业设计薪酬体系的第四个原则是激励性原则。薪酬的激励性分内部和外部两个方面。企业内部不同的岗位、等级能否适当拉开收入差距，能否尽量按照价值和贡献进行薪酬分配，能否增强个人和团队责任，激励员工的责任心，调动其工作积极性，并推动员工个人能力提高，进而实现企业价值与个人价值的共同成长，是企业管理层应重点关注的问题。如果企业内部的分配结果是干得好与不好一个样，都是吃"大锅饭"，就容易使员工滋生惰性，大家都不积极工作了。

薪酬体系的激励性，还需要与外部市场上的同行企业相比，类似的岗位，本企业的薪酬是否具有一定的竞争优势？企业家必须认真思考，本企业的薪酬体系是否能够对干部员工有一个很好的激励作用。富有激励性的薪酬体系可以推动员工的个人成长，也可以调动其工作积极性，从而达成企业的绩效目标。

企业设计薪酬体系时往往也会依据员工的个人价值，进而有针对性地做出激励。衡量员工价值主要可以考虑四个方面：①符合企业的行为标准；②达到绩效目标和指标；③具备企业所需要的能力；④认同企业文化和价值观。同时满足这四方面要求的员工才是适合本企业的合格员工。首先，企业需要给员工制定相应的行为标准，让他们明确哪些行为是对的，哪些是错的。其次，员工要在确定的时间内达到一定的绩效、结果，要有清晰的绩效指标。再次，企业需要培养员工，让他们不断提高自身的素质和能力。最后，员工的价值观、世界观要符合企业的文化和价值取向。

例如，某家企业提倡"唯上"和"官本位"的文化，老板就是绝对权威，一切都是老板一人说了算，这样的企业就可能会产生"马屁"文化，员工天天围着领导转。有些比较另类的公司，老板要求员工：头对着客户，屁股对着领导，不允许请领导吃饭，不允许开车到机场去接领导等。这样的企业文化提倡以客户为中心，员工根本就不需要去表现给领导看，不需要整天琢磨如何请领导吃饭、接待领导、拍领导马屁等。那这类企业如何评价员工的价值呢？用员工的实际工作表现、客户的满意度、员工所创造的绩效等来评价。可见，薪酬设计的激励性原则要以员工的实际业绩、客户评价等指标为参照标准，鼓励员工干实事，创绩效。

五、平衡性原则

企业设计薪酬体系的第五个原则是平衡性原则。薪酬体系需要能够兼顾长期和短期，促进多方结合，体现互利共赢。所谓的多方结合就是要平衡股东、员工、客户、债权人等利益相关方的利益。薪酬体系还需要兼顾企业短期和长期的利益与成本支出，考虑到诸多方面，包括企业当前的盈利能力和未来的盈利能力，企业当前的责任和未来的责任，企业的利益和个人的利益，股东的利益和经营者的利益。薪酬体系要结合这些方面找到一个平衡点，虽然这并不容易。就像要用一个铅笔尖支撑起一个物体，肯定很难找到该物体的重心，但如果我们肯花时间找，总能找到那个重心，把物体支起来，让它保持一定的平衡性。企业设计薪酬体系也是如此，要不断寻找平衡点。

六、合法性原则

企业设计薪酬体系的第六个原则是合法性原则。无论怎么设计企业的薪酬制度，都不能违反国家的相关法律法规，这是企业不可碰触的法律底线。令人啼笑皆非的是，很多企业在薪酬制度方面公然违法，例如不给员工支付节假日加班工资、强迫员工加班、不给员工交社会保险、不允许员工休年假或产假等，这些现象在有些行业比较普遍。所以，企业若不能按照国家相关的法律法规来设计薪酬体系，就很容易引起劳资纠纷，这对企业而言是极其不利的。

第二节　设计薪酬体系的五步骤

如何设计企业薪酬体系？我们建议遵循以下五大步骤。

第三章 薪酬结构与薪酬体系设计

第一步，先确定企业的薪酬战略和薪酬模式。企业制定薪酬战略的依据从哪里来？从企业战略来。企业管理者必须依据企业战略方向和企业的发展阶段来确定企业的薪酬战略和薪酬模式。薪酬模式体现了企业的价值导向，即企业重点关注哪个方面、哪些人才。例如，企业对于股东、客户及员工这三者，把哪一个放在首位，就体现了不同的企业战略和企业文化，也会直接反映到企业的薪酬管理模式上。

第二步，确定企业薪酬总额和薪酬结构。设计企业薪酬体系还需要考虑两个方面：企业给薪酬这块预留多少资金；薪酬结构由哪些部分组成。通常企业薪资总额占销售额的5%左右，比较高的可占到6%~8%，甚至有的轻资产公司会占到10%以上。只要企业有足够的承受能力，企业薪资占比越高，则薪酬的总额就会越高，薪酬的激励性就会越强，吸引优秀人才或稀缺人才的能力就越强。当然，也需要细化企业的薪酬结构，分析薪酬体系包括哪些组成部分、每个组成部分应该怎么安排、各组成部分是否具有激励性和正向引导等。

第三步，解决内部和外部的公平性问题。设计企业薪酬体系要对企业内部的岗位价值做评估，依据价值评估拉开岗位薪资差距。还要密切关注外部市场情况，做一些薪酬调查，以确保本企业的薪酬水平具有一定的竞争力。

第四步，设计绩效工资和部门薪酬模式。所谓绩效工资，就是除了固定的基础工资外的浮动工资部分，直接与贡献和价值挂钩。不同岗位、不同部门的绩效工资在薪资总额中的占比不同，可以分为上山型、下山型和平路型三种模式。固定工资与绩效工资的比分别为：上山型是 30%:70%，平路型是 50%:50%，下山型是 70%:30%。上山型通常针对结果导向型部门，如生产部和营销部；平路型侧重于职能管理部门，如行政部、后勤部和一般管理者；下山型属于技术经验型，针对财务部、技术研发部等。

不同部门采取的薪酬模式也不一样，例如财务部、技术研发部门、营销部、生产部门，其基本工资和绩效工资的比例不同，采取的薪酬模式可能也不一样。生产部门可能采取计件制模式，营销部门可能采取直接与营销业绩挂钩的提成制模式，研发部门则可能采取谈判工资制模式，财务部门可能采取技术等级制模式，后勤部门有可能采取绩效工资制模式，也有可能采取岗位职责制模式。所以，每个部门需要根据具体情况确定薪酬模式。

第五，确定调整薪酬模式的规则。例如企业是否需要定期对薪酬制度或薪酬结构做相应调整、当前的薪酬体系是否有缺陷、当前的薪酬体系是否有不公平的地方，若需要对有缺陷、有问题的地方做一些适当的调整，则必须遵循一定的规则，不可随意改变。

第三节　设计薪酬体系的关键要点

企业设计薪酬体系需要注意以下关键要点：

第一，确定薪酬的依据。薪酬的确定应该依据什么？是依据员工的岗位价值、资历等级，还是依据员工的实际工作表现或绩效和贡献？不同的薪酬分配导向，自然会有不同的确定标准。

第二，调整薪酬的依据。企业给员工加薪或者减薪，可能是因为岗位的变换、任职资格的变化、岗位职责的调整，也有可能是因为考核指标、绩效结果发生了一些调整，总而言之，必须有充分的理由和依据。所谓岗位职责的调整，比如原来这个岗位只做某一件工作，现在企业又把别的职责叠加给这个岗位了，那就有可能会给这个岗位的员工相应增加一些薪资。假如原来某个员工只管招聘和绩效，现在把培训也交给他了，所以他同时兼任招聘专员、绩效专员和培训专员，那他的薪酬也要适当调整一下。只有具备充分的依据，才能避免在调整薪酬的过程中引起一些矛盾和纠纷。

第三，合理调整薪酬结构。企业要提高动态调整薪酬结构的科学性、合理性、灵活性，完善薪酬的激励机制，达到激励员工的目的。归根结底，企业的薪酬体系需要具有激励骨干员工的导向，不能走向平均主义大锅饭的路子，不能影响和削弱员工的积极性。企业要注意适当地拉开薪酬差距，薪酬分配制度向骨干层、关键岗位和核心人才做明显倾斜。因为普通员工的可替代性强，即便有所流失也能很快招聘到新人，但如果业务骨干、干部层、管理层员工离职超过了一定的比例，企业则必须引起注意。因为普通员工入职以后要靠基层干部来带，和军队培养新战士一样，靠教导团、基层的班长和排长来培训，如果企业的基层干部，例如班长和排长纷纷离职，那新员工入职后靠谁来培训呢？此时，企业在人才培养和人才梯队方面可能就会出问题。

企业关键性的高管离职也会对普通员工产生影响，如果有一两个高管离职，一般不会有大问题，但如果在同一时期离职的高管多了，甚至他们约好同时离职，例如生产总监、技术总监、营销总监同时离职，那企业老板就要小心了。如果这些高管出去一起创业，合伙做生意，那问题就不只是人才流失了，有可能是增加了一个强劲的竞争对手。那该怎么办呢？与其等着他们出去合伙创业，还不如给予他们期权激励，或者投资创立一家新公司，大家一起参股做股东。所以，薪酬分配最忌讳的就是"撒胡椒面"，人人都有，但没有重点。薪酬的重点还是要向核心层、骨干人才做一些倾斜，激励这20%左右的骨干勇往直前，创造更大的绩效，起到良好的示范带头作用。

第四节 薪酬结构的含义与组成

一、什么是薪酬结构

企业薪酬结构的含义是什么，具体构成因素有哪些呢？

薪酬结构通常有狭义和广义之分。狭义的薪酬结构是指在同一组织中不同岗位、技能之间薪酬水平的比例关系，主要是一种纵向的等级关系，包括形成等级数目、级差、等级区间和级差决定标准。一般而言，企业都有一张薪酬等级结构图，不同的层级对应相应的薪资等级。简而言之，企业中哪一级拿多少钱、哪个岗位拿多少钱在这张图上都能反映出来。

广义的薪酬结构不仅包括薪酬等级结构，而且涵盖了不同薪酬形式之间的比例关系，一般涉及基本薪酬、浮动薪酬、福利薪酬之间的比例关系。例如，企业员工的固定工资、浮动工资、绩效工资、福利薪酬分别是多少，分别在总薪资中占有多大比例。

横向的薪酬项目组成，加上纵向的薪酬等级级结构，就组成了完整的薪酬结构。

二、企业的薪酬等级

薪酬等级是指薪资水平的分级。大型企业集团的薪酬通常分五等（少数是六等）：A、B、C、D、E。每等分五级：A1、A2、A3、A4、A5。这就是25级薪酬体系，少数的第六等是S等或A+等，六等五级，则形成30级薪酬体系。如表3-1所示。

表3-1 大型企业集团的薪酬体系

职等	对应	一级	二级	三级	四级	五级
E等	普通员工	1-E1	2-E2	3-E3	4-E4	5-E5
D等	技术员工	6-D1	7-D2	8-D3	9-D4	10-D5
C等	基层主管	11-C1	12-C2	13-C3	14-C4	15-C5
B等	中层经理	16-B1	17-B2	18-B3	19-B4	20-B5
A等	高管总监	21-A1	22-A2	23-A3	24-A4	25-A5
S等	总裁	26-S1	27-S2	28-S3	29-S4	30-S5

A、B、C、D、E五等（或六等）分别对应不同的管理层级：①E等是最低的，一般对应基层操作员工，涵盖作业员或操作等。②D等对应管理型员工或技术型员工，技术型员工就是工程师、文员、后勤、经理秘书等，属于高级员工，他们是偏向智力型的普通员工。③C等对应基层管理者，即基层主管、班组

长、科长这一级。④B等对应中层管理者，即部长、部门经理，属于经理层。⑤A等对应高层管理者，涵盖总监及以上干部，即高管。⑥少数大型集团公司还可能会再加S等（超等）或A+等（最高等），即集团公司总裁级，最高是董事长。

　　薪酬体系中的每个等可以分几级呢？通常是三至五级。如果分三级，就是高、中、低三级。例如，海尔把每个等和每一个岗位都分为高、中、低三级，也对应A1、A2、A3。A3是最高的总经理，A2是副总，A1是总监。经理等也对应B1、B2、B3三级。B3是高级经理或者资深经理，B2是正常的部门经理，B1是副经理。主管和员工也是这样的，五等三级。普通流水线上的车间作业员或同一个岗位也分为三级：优秀工、合格工、试用工。每个月考核，薪资也与之对应，A=1.5B，C=0.5B，拉开了薪酬的差距。试用员工三个月不能晋升为合格工，就要自动离职了。

　　大型企业规模大、人数多，一般不适合用三级薪酬体系。有的企业就将薪酬体系分成优、良、中、及格、差五级，绩效考核等级对应关系为：5代表优秀，4代表良好，3代表中等，2代表及格，1代表差、不及格。

三、多渠道晋升体系

　　企业在进行绩效考核时常常把员工的绩效分为五等，把薪酬体系按照管理层级分为五等五级，共有25个级别或职级。跨国公司的职级称为level，晋升一个level就会相应加一级工资。某位员工的level升上去了，工资也会增加，但他未必是干部，可能

第三章 薪酬结构与薪酬体系设计

就是一个技术人员。技术工程师的 level 能升到哪一级呢？可以升到 B2 级，即部门经理级，但他的岗位还是技术工程师。普通工程师的职级也可以升到 B2 级，享受部门经理级的待遇。

这样的等级工资制有一个好处，就是给那些优秀骨干员工提供了一个可以不断往上晋升的通道，晋升了职级就可以加薪水、提高地位和荣誉，但不一定担任相应管理职务。等级工资制可以给那些基层的、有积极性的员工提供上升的空间，以免大家都拥堵在晋升职务的独木桥上，影响骨干员工的发展。

在一些大型生产企业，车间里的作业员是不是只能被划为 E 等，只有 E1、E2、E3 级？不一定。如果他是技术型的员工，起初只是车间里的普通作业员，但他爱钻研技术，不断改进生产流程并提高工作效率，后来得到了晋升，升到技师一级，薪酬也会相应升为 D1、D2、D3 级。如果企业管理者发现他不仅能改进生产流程，还可以进行发明创造和技术改进，给公司创造了较大的绩效，受到一些特别嘉奖，则会考虑将其晋升到主管一级，薪酬升为 C2、C3 级。同时，这位技术员还可以担任企业的内部培训师，专门帮企业带教新员工，技术上申请了国家发明专利，那他的级别就会越升越高，有可能升为部门经理级，虽然还是高级技师或八级技师，他的基本工资会升到 B2 级，与中层经理是一样的。在采用等级工资制的企业，这样的晋升完全有可能。

企业实行这样的等级工资制，就给那些基层员工提供了很好的成长通道。只要他们在自己的岗位上兢兢业业做贡献，给公司创造更高的价值，就有可能得到很高的报酬，普通员工的职级、待遇和荣誉可以与部门经理持平，以此鼓励员工奋发图强。否则，普通员工在学历、级别较低的情况下看不到出头之日，自然没有积极性为企业创造更高的利润。因此，等级工资制度在激发员工积极性方面具有一定优势。

四、薪酬曲线与宽带薪酬

将企业每一个职级的薪酬数额用平滑曲线连接起来就会形成一个薪酬曲线，每个职级都有对应的最高点、最低点和中位线。如果是常规的五等五级，就有25级薪资，即所谓的窄带薪酬，每个等级的薪酬差异和幅度比较小，等级比较多，可达到25或30个等级。如果把同一个等级或相近的等级合并起来，合并成4~5个等级，则可称为宽带薪酬，即每个等级之间的薪资差距比较大，但等级数量比较少。

在一个薪酬等级内部，可以画出一个柱状图，辅助研究薪酬幅度、薪酬中位线、最高值、最低值等。相邻薪酬等级之间会有交叉或重叠的部分，要用柱状图把它画出来进行分析，这就是薪酬曲线分析。现在用专门的人力资源管理软件可以做出这样的图表，辅助进行相关分析，进一步形成本公司的薪酬制度。

第五节　薪酬结构的模型设计

企业薪酬结构具有多种模型：一大类是与组织结构相匹配的模型；另一大类是与薪酬支付标准相匹配的模型。其中，以岗位为基础的是岗位薪酬模型，以技能为基础的是技能薪酬模型。

一、与组织结构相匹配的模型

第一，平等制模型。在平等制模型中，企业员工的薪资等级相差不多，而且类似岗位的固定工资是一样的。例如，某个部门的普通员工都拿1500元的基本工资，那么部门管理者的基本工资也是1500元。虽然这种薪酬模型的弊端显而易见，但当前仍有一些企业采用这样的薪酬模型。

第二，等级制模型。等级制模型就是上文所述分五等五级，共25个职级的等级制薪酬，不同等级对应不同的薪酬模型，此处不再赘述。

二、与岗位相匹配的模型

企业设计与岗位相匹配的薪酬模型，必须特别注意以下四方面。

第一，区分特殊人员。在企业员工中，有一些是属于豁免员工，还有一些是受法律保护较多的一线岗位的作业员，处于特殊时期的女性（孕期或哺乳期）也是受保护人员，企业在设计与岗位相匹配的薪酬模型时，最好要区分这些特殊人员。

第二，岗位族划分。企业的岗位通常可划分为管理序列、职能序列、技术序列、销售序列、操作序列五大类。不同序列的薪酬结构、形式和模型会有差异。企业一般会根据不同序列在纵向上进行分等级，例如，管理序列包括班长、课长、经理、部长、总经理；职能序列包括生产部、营销部、财务部、后勤部、物流部等部门中不承担管理职责的人员；技术序列包括技术类工作人员，可分为不同级别的技师和技术工程师；销售序列也称为销售工程师，分为不同级别的销售外勤和销售内勤；操作序列主要包括车间流水线上的工人。所以，企业在设计与岗位相匹配的薪酬模型时，要按照不同的部门、专业领域划分岗位族，让每个岗位上的职员都有晋升的通道。

第三，注重地理区域之间的差异。有些大型公司在全国不同地区，甚至国外都有分公司，不同地区的整体薪资水平、消费水平、物价水平等差异较大，当地职员的薪酬水准和起点应该与当地情况紧密结合。所以，企业在设计与岗位相匹配的薪酬模型时，必须考虑企业所在区域之间的差异。

第四，分支结构间的协调。企业在设计与岗位相匹配的薪酬模型时，需要考虑分支结构之间的成长、发展、规模和效益差异，如市场区域的发展阶段有成熟市场、成长市场、新兴市场，经营效益阶段有盈利类、保本类、亏损类等。

三、与薪酬支付标准相匹配的模型

与薪酬支付标准相匹配的模型有两个基础依据：以岗位为基础依据；以技能为基础依据。两者的薪酬特征不同，具体如表3-2所示。

表 3-2　以岗位、技能为基础依据的薪酬模型的特征对比

特征	以岗位为基础	以技能为基础
薪酬水平的决定因素	考核工作绩效的市场标准	考核技术的市场标准
基本薪酬的决定因素	岗位的不同要素评价价值	员工的知识或技术
基本薪酬的增加依据	工作目标或工作绩效	员工新获得的技术经验
基本薪酬的升级依据	工作绩效标准	过去的技术和熟练程度
对员工的好处	完成工作即可得到工资	工作的多样性与丰富性
对企业主的好处	简便的薪酬管理	工作安排的灵活性

（1）以岗位为基础依据的薪酬模型。在这种薪酬模型中，薪酬水平的决定因素是考核工作绩效的市场标准，基本薪酬的决定因素是岗位的不同要素评价价值，基本薪酬的增加依据是工作目标或者工作绩效的完成情况，基本薪酬的升级依据是工作绩效标准。这种薪酬模式对员工的好处是完成工作即可得到工资，对于企业主而言，达到绩效目标即可支付相应薪资，这是评价员工工作绩效的相对简便的薪酬管理体系。

（2）以技能为基础依据的薪酬模型。在这种薪酬模型中，薪酬水平的决定因素是考核技术的市场标准，基本薪酬的决定因素是员工的技术或知识，增加基本薪酬的依据是员工新获得的技术经验，基本薪酬的升级依据是过去和现阶段的技术及其熟练程度。这种薪酬模式对员工的好处是工作具有多样性和丰富性，对企业管理者的好处是工作安排具有灵活性。

这两种薪酬模型可以叠加或组合，不同的企业、产业和部门，其薪酬模式是不同的。例如，从事科研开发的项目小组，其薪酬设计会以技能型薪酬模式为主，因为人力资源和其他资源可

以根据项目需要进行必要的组合；工业化制造型企业则大多会以岗位型薪酬模式为主，因为不同岗位的工作职责差别较大。

四、销售人员的五种薪酬模式

销售部门的薪酬模型与研发部门和生产部门有些不同。销售人员的薪酬差异主要体现在浮动薪资上，这样会比较有激励性。销售人员的薪酬模式一般包括五种：①全部基本工资制；②基本工资＋奖金制；③基本工资＋业务提成制；④基本工资＋业务提成＋奖金制；⑤业务提成＋佣金制。

有些企业当前还在采用比较传统落伍的薪酬模式，即基层工作人员全部只拿基本工资，连奖金都没有。例如某电信运营商门店的柜台工作人员、某银行柜台的柜员、某酒店的餐厅服务人员，严格来讲他们也是销售服务人员，但是他们却只拿固定工资，没有奖金、提成等。在这种薪酬模式下，电信营业厅一天销售了多少台手机或者收了多少话费、银行的柜员给多少位顾客办理了业务、餐厅服务员一天为多少顾客提供了服务，跟这些销售人员的收入没有太大关系。这样的薪酬模式必然无法调动员工的工作积极性，也不利于企业提高绩效。所以，业务人员的行业不同、类别不同，其薪酬模式可能也会不一样，企业设计薪酬模式时要充分考虑员工的工作内容、岗位职责，激励他们为企业创造更大的价值。佣金制也被称为独立代理人制，采取佣金制薪酬模式的行业有汽车销售、房屋销售、保险等，这些行业销售人员收入的大部分是业务提成。

五、生产人员的五种薪酬模式

生产人员的薪酬模式与销售人员有所不同，常见的有五种薪酬模式，见表 3-3。

第一种是简单计时制薪酬模式。这种薪酬模式通常先确定好日薪，月薪资＝工作天数×日薪。例如，装修公司采用简单计时制薪酬模式来给员工结算工钱，一名瓦工工作一天可获得 300 元，此时员工可能会磨洋工，老板在的时候好好干，老板不在的时候他就抽烟、喝茶，计划 10 天可以做完的工作可能需要 15 天才能完成。这就是简单计时制薪酬模式的突出缺陷。

第二种是差别计时制薪酬模式。这种薪酬模式先确定一个标准的工作天数或工作量，如果员工超额完成工作或加班加点工作，企业就额外加钱（加班费），薪资＝天数×日薪＋加班费。

第三种是简单计件制薪酬模式。这种薪酬模式简单考核工作量，确定好完成一件产品的生产单价，薪资＝生产数量×产品生产单价。假设完成一个产品可以获得两块钱，一名员工一天做了 100 个产品，就能获得 200 元。

第四种是差别计件制薪酬模式。在这种薪酬模式下，不同产品的结算标准不同，或者完成产品的数量超过了规定标准，结算时会有超额奖励，薪资＝标准产量×单价 1+ 超额产量×单价 2。例如，同一企业生产不同产品的员工，其薪资也不同，员工生产一件 A 产品获得 2 元，而生产一件 B 产品获得 3 元。另一种情况是，一天完成 100 件产品，每件产品生产单价为 2 元，如果

表 3-3 生产人员的五种薪酬模式

序号	薪酬模式	薪资计算方法
1	简单计时制	工作天数 × 日薪
2	差别计时制	天数 × 日薪 + 加班费
3	简单计件制	生产数量 × 产品生产单价
4	差别计件制	标准产量 × 单价1 + 超额产量 × 单价2
5	计效制	完成标准基本薪酬 + 超产奖金

工作量超过 100 件，从第 101 件开始，每件产品的生产单价提高至 2.5 元，多出来的报酬即为超产奖。这样一来，员工的积极性就会被调动起来，进而主动提高工作效率或者延长工作时间，以便获得更高的报酬。

第五种是计效制薪酬模式。这种薪酬模式针对超过标准的数量和质量对员工进行必要奖励，薪资 = 标准内的基本薪酬 + 超产奖金。这种薪酬模式不计件，但是计效。例如员工今天完成了 100 个产品（标准数量），就能拿到固定薪酬，如果没有完成，则会被按照规定扣钱。如果超产了，除了固定薪酬，员工还会获得一个额外的超产奖。

六、管理人员的薪酬模式

管理人员的薪酬模式有两种：月薪制和年薪制。月薪制针对中层或基层管理干部，与普通员工的月薪制类似，除了基本工资之外，再增加奖金或绩效工资，与当月的工作绩效挂钩。年薪制大部分针对高级管理者和企业决策层，薪资直接与企业年度经营绩效和财务指标挂钩。绝大多数股份制公司的高管薪酬采取年薪制，因为企业的日常工作和具体经营管理过程，董事会无法时刻监控，也没有必要，总经理在年初会确定一个年度绩效目标，年底根据目标兑现的情况领取薪资。这一年内的具体经营过程和日常的管理细节，总经理不需要时时向董事会报告。只有重大投资项目，例如 200 万元以上的重大投资和重大经营活动，才需要向董事会报告，企业每个月的开支可以按照全年预算执行，董事会在年初审批通过预算表，各部门按照预算落实执行即可。

采取年薪制薪酬模式时要特别注意超产奖。假如企业经理的年薪为 100 万元，对应的工作目标是一年完成 1000 万元的净利润。如果企业完成的净利润超过了 1000 万元，超出的部分，企业应该以一定的比例给予经理奖励。否则，企业经理可能没有积极性为企业创造更高的利润，而是会选择完成工作目标即可。所以，企业需要设计好阶梯性的刺激和奖励制度，以便最大限度地激发和提升高管及经理的积极性，让他们更多地创造并分享利润。

七、技术人员的薪酬模式与晋升阶梯

技术部门的职称等级类似于其他部门的职级，不同部门的职位族中包含不同等级的技术职称，如表 3-4 所示。

我们以生产部门、技术部门、工程服务部门为例进行对比分析。表 3-4 最左边一列为等级，一共有 A、B、C、D、E 五等，1、2、3、4、5、6 六级，分别对应着不同职级的技术职称或职务。左侧的 level 最低水平为 E 等，这一等通常对应的是文员，E3 级的是

表 3-4　不同部门的技术职称对比

	生产部		技术部		工程服务部	
	管理线	技术线	管理线	技术线	管理线	技术线
A3				总工程师		
B3	经理		经理		经理	
B4 B5 B6						
C1 C2						
C3		高级工程师		高级工程师		高级工程师
C4 C5						
C6	主任	主任工程师	主任	主任工程师	主任	主任工程师
D1 D2						
D3		工程师		技术工程师		服务工程师
D4 D5						
D6	管理员	技术员	管理员	技术员	管理员	技术员
-E3-	文员		文员		文员	

普通文员。有些企业还会划分出 F 等，对应基层操作员，这类企业大多是贸易公司或者知识型公司。D6 级对应管理员和技术员，D3 级对应工程师。主任和主任工程师（C6 级）可对应医院的高级职称和副高职称，主治医师应该是中级职称。C3 级一般对应高级工程师，在高级工程师之上可能还有总工程师。需要注意的是，企业的总工程师应该属于总监级，这是高级职务而不是职称。B 级一般对应部门经理、总经理，有时候也会出现部门经理是 B3 级、部门内部的总工程师是 A3 级的现象。因为在很多企业，职称与具体的工作职务常常并不一致，职称是评选的，职务是聘任的，员工拥有某一级职称未必会担任相应的职务。例如技术人员的薪酬模型中通

常存在评聘分离的情况，即某一员工的职称可能只是中级职称——工程师，但是企业可能会聘他做高级工程师，甚至享受总工程师的待遇。评聘分离的方法在薪酬模式设计中很常见，也是一种激发优秀骨干员工的积极性，拓宽员工晋升渠道的好方法。

例如某员工是企业的首席科学家和研发顾问，享受国务院津贴的技术专家，行业内全球知名的研发专家，虽然他的级别是高级工程师，也没有较高的职务，但是他的薪资待遇有可能比总工程师还要高。在实践中，企业对于技术人员，在采用等级制的薪酬模式时要特别注意评聘分离和多渠道晋升，只要员工的技术表现出色，就可以给他晋升机会，不一定走管理职务这条路。晋升双通道、多通道表现在职级上就是六等五级，共 30 个级别。E 等对应普通员工，D 等对应技术员工（或管理型员工），C 等对应基层主管，B 等对应中层经理，A 等对应高管和总监，S 等是集团总裁。如果是大型集团公司，集团下辖几十个工厂或分公司，就需要在总经理之上加总裁级。

第六节　薪酬预算与人工成本控制

一、薪酬预算的必要性

企业薪酬体系设计中有一项重要内容就是薪酬预算和人工成本控制。由于企业的薪酬总量太多或太少都会引起一系列问题，所以薪酬设计者需要协调企业和员工之间的利益，尽量保持动态平衡，避免失衡。

企业一定要通过薪酬设计传递给员工一个很重要的信息，通俗来讲就是：如果公司赚钱了，一定会给大家多分一些；如果公司收益降低了，分给大家的利润也会相应减少。个人收益与公司的盈利水平一定是水涨船高的关系，如果水低了，员工就要做好降薪的准备。以免出现企业效益好、员工加薪、皆大欢喜，企业效益不好、员工减薪、大家纷纷离职的现象，导致员工队伍不稳定。所以，企业高层需要对薪酬总量和人工成本进行有效的控制，对员工的心理预期也要进行恰当的引导。

企业在做人力成本控制和预算的时候通常有两个方向：由下往上或者由上往下。大部分企业习惯由上往下，由财务部门拟定一个总的薪酬预算比例，然后一步步进行细化和分级。

二、薪酬预算的方法

企业进行薪酬预算一般有三种方法：①劳动力分配率法；②销售金额法；③损益平衡点法。

劳动力分配法就是按照企业人工成本预算，找到一个平衡点进行测算，适当地分配劳动力。有不少企业需要严格控制人工成本，因为其人工成本（人头费）非常高。于是会采取定岗定编的方法，就是先确定必需的岗位，再把每个岗位的人数确定好，控制好员工的数量，控制好工作的时间（工时），这样就能把人工的主成本和副成本都控制住。

销售金额法就是按照企业的年度销售额来计算员工的人力薪资费，通常薪酬总额占销售总额的比例在5%左右，有一定的浮动空间。

损益平衡点法就是当企业完成了一定的营业额或利润额之后，即达到盈亏平衡点之后，就会将超额部分拿出来做奖励。超额越多，企业用作奖励的资金就越多。

三、薪酬调整制度

企业每年根据具体情况会对薪酬做出调整，薪酬调整需要有完善的制度和充分的依据，不能率性而为。例如企业加薪可分为被动加薪和主动加薪。被动加薪是指由于物价上涨等因素，导致员工的购买力下降，企业为了留住员工，被迫给他们加薪；主动加薪是指由于某员工的工作表现出色，或者企业当年的效益较好，企业主动给员工加薪。主动加薪有多种方式，如年度加薪、特别加薪、升等加薪、晋升加薪、转正加薪等。

建议企业不断完善有关薪酬调整的制度，并做好相关管理，保证在需要调整薪酬时有合情合理的依据，有规范的流程，保证薪酬调整的公平公正。企业在进行薪酬调整时会遇到各种状况，一定要清楚地列出薪酬调整的原因，尽量让员工心服口服，乐于接受，以免引发员工队伍的动荡。

四、影响薪酬调整的因素

影响企业薪酬调整的因素一般可分为四类：第一，绩效管理因素。一般员工的薪酬与其绩效考核的结果直接挂钩，若在一个考核期内，员工的绩效发生了较大变化，则应对其薪酬进行相应调整。第二，人才市场供需变化因素。一般情况下，某一类人才在市场上供不应求，会导致这类人才的薪资整体上涨。例如某一时期互联网营销人才就比较缺少，企业常常招不到自媒体、新媒体、网络营销类的人才，不得不花高薪挖掘这类人才，导致此类人才的薪资水平抬高。第三，物价指数因素。通常物价上涨和通货膨胀等宏观情况也会引发薪资水平整体上涨。第四，企业自身的盈利状况。一般企业盈利情况较好时，会考虑给员工加薪；反之，则有可能降薪。

五、薪酬调整政策多元化

企业薪酬调整政策不能过于死板、单一，要在公平公正、规范合理的基础上尽量多元化。这就要求企业在调整薪酬时充分考虑市场因素、绩效因素、晋升因素、技术能力因素和年功因素（工龄时间、年资）等，最终做出一个比较公平、合理、科学的决策。这样才不至于引起员工和干部的强烈不满，不至于把公司搞得人心惶惶，最终达到奖励先进，带动其他员工积极工作的目标。多元化的薪酬调整政策必须既具有激励性，又能保证员工队伍的稳定性。

第四章

如何破解薪酬公平性难题

企业的薪酬分配必须保持一定的公平性，但如何保证薪酬分配的公平性呢？什么样的薪酬分配模式才是公平的呢？一般而言，薪酬公平公性包括内部公平性和外部公平性。

内部公平性衡量企业内部的薪酬分配情况，即企业内部员工将自己的薪资待遇同其他类似岗位或同等级别的同事进行比较，根据个人的付出与得到的回报衡量企业薪酬分配是否公平。

外部公平性衡量企业薪酬与外部薪酬水平的差异，即企业员工的薪酬水平与外部同行、竞争对手或其他类似行业相比，是否具有优势，投入回报比是否更高。

第一节　内部公平性难题：谁更重要

一、谁对企业更重要

研究企业薪酬的内部公平性问题，归根结底是要捋清楚，谁在企业内部更重要。已故著名相声大师马季先生曾经说过一段著名的相声——《五官争功》，说的是有一个劳模因特别功劳获得了一次特别的奖励，得到一笔奖金，于是他的五官（眼睛、鼻子、耳朵、嘴巴）就开始争抢这个功劳了，它们都认为自己很重要，这次奖赏主要归因于自己的本事。这就引发了一个价值、贡献的衡量问题。一个企业获得了较好的利润，每个人都有贡献，离开了谁也不行，但是谁的功劳最大呢？谁对企业更重要呢？企业在进行薪酬分配时必须做出一个评价结果。

在企业实践中，"五官争功"的戏码天天都在上演。笔者有一次甚至听到给某企业看门的老张也认为他是最重要的，为什么他最重要呢？他认为假如没有他看门，他们公司的产品、财产早就被别人偷光了，还谈什么盈利和发展！

其实，大家在衡量一个岗位或一个人是否重要、重要性高低的时候，最重要的一个衡量方法就是：做正向假设或做负向假设。正确的做法是，大家都不去做负向假设，因为只讲"如果没有我会怎么样"之类的话，大家的重要性都没法比较。我们可以多做一些正向的价值比较，直接评价每个岗位所创造的价值如何。当然，假如没有这一岗位会造成多大的损失、增加该岗位的工作人员需要多少成本，这也是我们思考的一个维度。

二、海氏岗位价值评估法

"二战"以后，白宫的部长和官员们都向时任美国总统罗斯福邀功、抢功，经常聚集在一起争论：到底谁的功劳最大，谁应该拿更高的薪水。场面一度非常混乱，还引起了严重的纠纷，总统也不敢妄下结论。于是，罗斯福就找来了一些专家，向他们讨教如何解决眼下棘手的问题。最后，有一个专家运用海氏岗位价值评估法解决了这个"谁更重要"的分配难题，即对每一个岗位的岗位价值做一个多因素的综合评估，再根据综合评估结果，给每一位部长、每一个部门的领导发放工资，终于使得吵闹和纷争慢慢平息了。所谓海氏岗位价值评估法，就是用点数、分值计量的岗位价值评价方法。

企业绩效是团队协作的成果，其中涉及众多团队成员，而每个团队成员的价值也会有所不同，价值评估的关键是如何才能客观、准确地衡量每个员工为企业做出的贡献。例如，某一个足球队比赛胜利了，甚至得了冠军，那如何评估哪个队员更重要、更厉害？是前锋更厉害、守门员更厉害，还是哪一个主力队员更厉害？其实，每一个队员都起到了自己该有的作用，完成了自己的职责。如何评估才能够保证内部的公平性？如何分辨不同岗位的价值差别？我们可以运用海氏岗位价值评估法进行测试和评估不同岗位的价值。

三、海氏岗位价值评估法的准备工作：岗位分析

在进行岗位价值评估之前要先做好一项准备工作——岗位分析（工作分析）。所谓岗位分析，就是对某一岗位的工作内容和职责进行较详细的岗位描述，对岗位职责，尤其是核心职责的描述必须清晰且准确。

岗位分析是薪酬管理的一项重要基础内容，企业管理者需要学会做清晰、准确、量化的描述，并将其作为日常工作的指南。岗位分析的要点包括：工作内容、工作方式、工作环境、岗位胜任条件（知识、能力或技能、工作经验）以及岗位的核心职责等。

企业一般会设置较多岗位，我们可以把类似的岗位进行合并，形成一些岗位族（职位族）。例如把生产部门的主要岗位合并在一起，就形成生产序列；把基层作业人员岗位合并，就形成操作（作业）序列；把不同层级的管理岗位进行合并，就形成了管理序列；把技术部门类似的岗位合并，就形成了技术序列。一般来说，企业内部大概可以分以下五大岗位族：管理序列（不同层级管理职）、职能序列（后勤支持和辅助部门）、技术序列（技术研发和工艺技术）、营销序列（市场、外勤和服务）和操作序列（生产作业员、司机）。科学合理地划分岗位族，是分析和评估岗位价值的基础。

四、岗位价值与薪酬

所谓岗位价值，就是指岗位的贡献度，这是企业给员工支付薪酬的重要依据和基础。企业进行薪酬分配的依据和基础通常有三种：①岗位价值；②员工的技术和能力；③员工的工作成果和业绩。基于此，企业常用的薪酬分配模型可分为四类：岗位型薪酬（基于岗位职责）、能力型薪酬（基于能力）、绩效型薪酬（基于工作绩效）以及市场型薪酬（谈判型薪酬）。有时候，员工的薪酬需要根据市场行情来随行就市，需要进行谈判和协商，此时应采取市场型薪酬或谈判型薪酬。此外，对于企业高级管理者，企业通常采用年薪制薪酬分配模型。

这四类薪酬模型各有优势，在企业的具体应用中，最好的方式是进行多模型搭配组合或混合应用。例如，将岗位型与绩效型薪酬模型进行混合运用，将岗位价值和绩效工资的比例作为调节项。还有一些企业混合运用三类模型，例如以绩效薪酬为主，加一些岗位价值薪酬，再加一些能力薪酬，员工最终的收入由这三块组合而成。如果员工经过培训学习，工作能力有所提升，企业就相应给他加上能力模块的薪资。多重薪酬模式的组合，一定要确定好每个薪资板块所占的比例，以使薪酬分配既具有一定的灵活性，又能保证公平性。

第二节　如何评估岗位价值

一、岗位价值评估方法

在实践中，我们到底应该如何评估每个岗位的实际价值呢？这就会涉及岗位价值评估方法，管理学中把岗位价值评估方法归纳为三大类：第一类是比较排序法，第二类是工作分类法，第三类是要素评价法。

目前国际上比较认可的是第三类——要素评价法，这是企业最常用的方法，也被称为海氏岗位价值评估法。这种评估方法比其他方法，更加科学和客观，因此被广泛使用。

海氏岗位价值评估法（因素评价法）的关键是设计针对岗位的评价标准和因素。这些评价标准和因素要满足以下四个条件：①广泛应用于大多数岗位；②岗位价值的要素必须相互独立、不重叠；③容易分辨和评估；④能够比较清晰地划分出不同的层次。设计好这些标准和因素之后，我们就能够比较容易、方便地量化和评价出不同岗位的相对价值。

二、岗位价值评估要素

如何确定岗位价值评估的标准和要素呢？我们可以从岗位价值评估要素的输入、过程和输出三个角度进行思考，进而概括出三大维度和八个要素。第一个维度，岗位价值要素输入，包括专业知识与经验、管理技能两个要素。第二个维度，岗位价值要素过程，包括人际沟通、解决复杂问题的能力两个要素。第三个维度，岗位价值要素输出，包括决策权、风险管理涉及程度、岗位产出、岗位影响程度四个要素。

首先，从岗位价值要素的输入维度来看，每个岗位要求员工输入的要素不同。普遍来讲，第一输入要素是专业知识和经验，第二输入要素是专业能力和管理技能。只有拥有相应的知识、专业能力等，才能顺利履行岗位职责，若是管理型的岗位，则该岗位上的员工还必须具有一定的管理能力。

其次，从岗位价值要素的过程来维度来看，人际沟通要素必不可少，因为团队协作过程中处处需要沟通协调；而解决复杂程度问题的能力在工作过程中会发挥巨大作用，也是员工工作能力突出的最好证明，可作为岗位价值评估的关键要素。

最后，从岗位价值输出的维度来看，第一个要素便是该岗位的工作内容和职责需要有多大的决策权，员工的决策权越大，对组织的影响面就会越大。第二要素是该岗位所涉及的风险管理程度、岗位应该承担的风险和工作失误所带来的损害和灾难。第三个要素就是岗位的产出，产出即所创造的价值，最后达成的工作业绩、成效和绩效目标等。第四个要素是岗位对组织的影响程度，一般而言，关键重要岗位对组织的影响非常大，此类岗位的员工一般肩负重要职责。

所以，评估一个岗位的价值，需要从输入、过程、输出三个维度入手，然后在每个维度下细分出评价要素。以上八大要素是最常见的，我们在具体实践中还可以根据实际情况加入一些更细致、更准确的要素，以使评估结果更加客观、公平。

三、岗位价值评估范例

国际上关于岗位价值评估的点数策略法有多种方式，不同企业和行业采取的评价要素也各有不同，我们举几个范例来分析。

第一个范例，工作中常见的岗位价值评估大概有10个评估要素：①岗位所需要的知识，②岗位所需要的经验，③岗位所需要的活动范围，④岗位决策的责任，⑤工作事务所带来的后果的严重性，⑥沟通的频率及与内部和外部沟通的因素，⑦下属的人数，⑧管理的幅度，即直接下属的人数（指下辖的总人数，包含下级的下级等），⑨工作环境和自然环境，包括工作环境的严峻程度、面临着何种困难等，⑩研究和分析决策的因素。

第二个范例，我们列举某酒店岗位价值评估的要素。这家酒店的岗位评估从四个方面进行，每个方面都包含不同的评估要素。首先，从岗位因素方面来看有9个要素：①风险控制，②直接成本费用控制，③指导和监督，④内部协调，⑤外部协调，⑥工作的成果，⑦组织和人事，⑧法律方面的风险，⑨决策层次。

其次，从知识技能因素方面来看有11个要素：①匹配的学历要求，②知识的多样性，③熟练期，④工作的复杂程度，⑤工作经验，⑥工作的灵活度，⑦语言应用能力，⑧数学和电脑知识，⑨专业技术能力，⑩管理知识和技能，⑪综合能力。

再次，从努力程度因素方面来看有6个要素：①工作压力，②脑力辛苦程度，③工作地点稳定性，④开拓与创新，⑤工作紧张程度，⑥工作均衡性。

最后，从工作环境因素方面来看有2个要素：①职业病或危险性，②工作时间特征。

这家酒店的岗位价值评估因素可概括为四大类：①责任因素，②知识和技能因素，③努力程度因素，指工作压力、脑力的辛苦程度，④工作环境因素，即工作地点的稳定性。因为所列出评价因素比较多，就显得比较复杂，具体操作起来也比较困难。

四、要素评价法

在企业管理实践中，应该如何进行具体操作岗位的价值评估

第四章 如何破解薪酬公平性难题

呢？人力资源管理过程中运用较多的是要素评价法，也被称为计点法或海氏价值评估法，其关键在于尽量去寻找不同的评价维度和评价指标。

要素评价法中比较常用的有五要素法和七要素法。五要素法包含：①学识经验；②问题处理；③沟通协调；④管理幅度；⑤决策参与度。

秦勇老师撰写的一本书专门谈到岗位价值评估七要素法，书中将七要素概括为：①能力要求、技能和工作背景；②工作影响力对其他岗位的影响；③沟通协调，包括内部沟通和外部沟通的问题；④独立性，即员工在管理决策和技术决策方面的独立程度；⑤失误的后果，即如果发生工作失误，员工给企业带来的损失程度；⑥控制难度，该岗位控制的对象和控制的性质有多大难度；⑦思维方面的要求，该岗位要求的工作思维的复杂程度。秦老师还还专门针对岗位价值评估七要素开发了相应的软件，可有效辅助大中型企业做岗位价值测评，值得推荐。

此外，也有一些企业在评估岗位价值时常用 CRG 评价模型，即将影响岗位价值的因素分为三大领域七大要素。

第一，职责规模领域，包括两个要素：①该岗位对企业的影响和岗位规模；②该岗位监督和管理的人数以及下属岗位的类别。

第二，职责范围领域，也包括两个要素：①责任范围，该岗位的独立性及其对知识广度的要求；②沟通的技巧，包含沟通的频率、沟通的侧重点以及沟通的目标和作用。沟通的侧重点包括对内沟通和对外沟通，两者的难度是有差别的。

第三，工作的复杂程度领域，包括三个要素：①任职资格，任职资格通常包括学历、经验、技能、职称等。②工作难度，包括需要解决的问题的复杂性和解决问题需要的创造性。例如，解决一些日常管理问题相对比较容易，解决一些具有创新性、技术难度高的工作问题，其复杂性必然会高很多。③工作环境和条件，包括工作中存在的风险，工作环境是室内作业还是野外作业、是高空作业还是在办公室作业，员工需要承受到的心理压力等。

综上所述，岗位价值评估离不开评估要素，所以岗位价值评估通常又被称为要素评价法，也叫计点法或海氏法。要素评价法包括五要素法和七要素法。不同的企业，在评估岗位价值时所选用的方式方法和要素也不一样，要尽量选择与企业情况最匹配、最适合的评估方法。

五、岗位价值评估的步骤

岗位价值评估的具体流程是什么？该如何一步一步推进呢？

第一步，组建岗位价值评估小组，研究决定由哪些人担任评估小组成员，一般至少会邀请一位外部的专家顾问。

第二步，邀请专家对岗位价值评估小组成员进行培训，指导他们选取合适的评估要素、采用高效的评估工具、建立合理的流程。

第三步，对企业的所有岗位做一次价值评估，最好让每个部门的主管参与评估，有时还需要多次评估。

第四步，汇总和计算每个岗位的具体分数，如果有异议或分歧则需要讨论决定。

第五步，绘制企业的岗位价值曲线。

第六步，将评估结果提交给企业的决策层，审议通过。

通过评估得到不同岗位的价值系数以后，根据最典型的标杆岗位薪酬，设定好薪酬层级和级差，就可以确定每个岗位，甚至每个员工的基本工资和总薪酬。在一家企业内部，不同岗位的薪酬待遇要保持一定的平衡性，即要具备内部公平性。

除了保持内部公平性之外，企业还需要兼顾外部公平性。

第三节　外部公平性：别处拿得更多

一、这山望着那山高

外部公平性衡量员工将自己的薪酬与其他组织中从事同样工作的员工的薪酬进行比较的结果。很多员工常常会抱怨：在我们公司干那么多活，工资却那么少，你看同行某某公司的员工，不仅活轻松，还赚得多。同一个行业还蛮有可比性的，不同的行业、不同的岗位可能就很难比较。但有些员工总是这山望着那山高，所以常常会产生一些心理误判，总是认为本行业、本公司的工作是最难的，收入是最低的，别的公司都比自己所在的公司好。

二、经常成为行业里的"黄埔军校"

有不少企业号称自己是本行业的"黄埔军校":我们每年都会招聘大批的应届毕业生,最多的时候可达到二三十个,可是不到三年的时间他们全都跑了。为什么会出现这样的现象?因为三年左右的时间,新员工正好得到了完整的锻炼,熟悉了本行业的一些基本知识,掌握了行业所需的基本技能,有条件、有资本去竞争薪酬待遇更好的岗位了。此时,企业管理者就开始抱怨:现在这些大学生都没有感恩之心,刚刚培养好了,却跑到竞争对手那里去。这到底是怎么回事呢?原来是这家公司给中基层管理干部的薪酬远远低于竞争对手,所以就成了行业内的"黄埔军校"了,好不容易把人才培养出来,能够独当一面了,却眼睁睁看着他们跑到对手那里去了。由此可见,一个企业的薪酬体系和激励机制对于用才、留才有多么重要。没有人才,企业就没有持续发展的基础和根本。

三、是培养还是压榨,是流动还是流失?

企业管理者要时时谨记,人才是可以自由流动的,本公司的人才流失可能恰好是其他公司的人才引进,从客观的角度来看,人才工作岗位的变动应该称为人才流动。俗话说:人往高处走,水往低处流。某骨干员工入职已经三年了,经过三年的学习和锻炼,其工作技能已有大幅提升,如果企业还给他三年前的薪资待遇,那薪酬分配制度就与员工的技能不匹配了,会不会引发一些问题呢？结果往往是员工另觅高枝。就像一个五岁的孩子，长到八岁了还给他穿五岁时的衣服能行吗？显然是不合适的。

因此，在不同的发展阶段，企业也需要给人才匹配不同的薪酬待遇。企业的薪酬制度要具备吸引人才的优势，选才、育才、用才、留才每个环节都要匹配合适的薪酬模式。当老板口口声声说企业花了三年时间培养年轻干部员工的时候，员工的心里有可能在想：我已经被老板压榨了三年了，现在终于可以摆脱了，再也不用被压迫、被剥削了，我要去展翅翱翔，去寻找自己的出路。

基于人才市场的流动性和人才技能的发展提升，我们能不能采取一种比较合适的方法来评估人才价值呢？建议企业对人才进行动态的价值管理，而不只是一味埋怨和进行道德绑架。当然，员工也需要调整好自己的心态，你到人才市场上去测试一下自己的市场价值，是不是真的只要"跳槽"就能够薪酬增加一倍呢？是不是换一家公司一定就可以提高待遇呢？有些员工也经常会产生心理错觉，自我感觉太好，冲动辞职之后才发现外面的世界并不如想象的那么美好，天下乌鸦一般黑。如果真的发现凭借自己当前的实力，换一家公司可以薪资翻倍，而且发展前途远大，那当然可以尝试。

四、好人不好留，庸才赶不走

笔者经常听到一些企业家、人力资源经理公开感叹、抱怨：真的是好人、能人不好找、不好留，但是能力一般的庸才却赶不走。

还有一些普通员工和中基层干部常常说：我换个单位，薪酬待遇就能涨一涨了。建议大家在"跳槽"之前，还是好好掂量一下自己的分量，理性评估一下自己的价值有多大，自己的追求是什么，能否找到与企业发展契合之处，能否与企业发展同命运、共呼吸。例如在互联网行业，"抢人才"的现象特别常见，结果导致关键性人才的薪资越来越高。通常情况下，一个技术人才从这家公司跳到那家公司，薪资就可以增长百分之二三十，于是有些人就会频繁"跳槽"。其实是人才市场的供需关系影响了薪资水平，只有企业的发展需求和个人的发展需求能够很好地匹配，才能达到双赢的效果，盲目且频繁的"跳槽"反而不利于人才自身的发展。

第四节 薪酬调查分析与评估

一、薪酬调查的内涵

要确保薪酬体系的外部公平性，必须要进行薪酬调查。所谓薪酬调查，就是调查了解本公司以外的情况，了解同行和竞争对手，以及区域内类似人才的市场供求情况。

如果通过薪酬调查发现本公司操作员工的工资明显高于同行，而技术人员、管理干部和高级管理者的工资却明显低于同行，就可以解释为何本公司招聘操作员工比较容易，但是管理干部尤其是高管纷纷离职，骨干人才留不住的问题了。中基层干

第四章 如何破解薪酬公平性难题

部和高级管理者在本公司的收入太低了，他们在同行中找别的公司，薪资有可能会翻一倍，何乐而不为呢。

这个现象提醒企业家以及企业管理者思考一些问题：到底是基层员工重要还是管理者更重要？如何保持基层员工与管理者之间的收入平衡？企业要根据自身发展情况及外部市场信息不断完善薪酬分配制度，力争让本企业的薪资水平保持适当的竞争性，同时兼顾内外部公平性。企业在制定薪酬政策时，最好确定详细的岗位价值评估依据，这样才能比较合理、合规地为员工支付薪酬。

不同企业的竞争导向是不同的，企业通常会把主要资源向竞争导向的重点部分倾斜。如果企业的竞争导向是操作员工，核心业务倚重于基层操作员工，在薪酬待遇上就可以适当地向他们倾斜；如果企业的竞争导向是销售人员，重视销售人员和市场渠道，就会在资源分配方面向销售部门倾斜；如果企业的竞争导向是管理干部，后备干部和人才需要重点培养，那必然要为管理人员提供更多的发展晋升机会，提供更好的福利待遇。

企业需要花费时间和精力去研究一些公开的行业信息和研究报告，甚至可以委托第三方专业调查机构或者猎头公司做相关调查研究。在此基础上评估本企业薪酬体系的竞争力状况，分析本区域人才供需情况的发展趋势，继而找出本企业完善薪酬制度和提高薪酬竞争力的策略和方向。

二、薪酬调查的基本要点

企业在进行薪酬调查的时候，需要注意的基本要点有五个。

第一，明确企业进行本次薪酬调查的目标。

第二，明确企业薪酬水平的主要影响因素，明确本公司的薪酬水准在行业中、区域中属于何种水平，是比较高、中等，还是比较低。

第三，选择合适的薪酬调查方式，可以委托第三方机构，也可以自己研究公开信息，或者找一些同行去了解情况，或者发放一些与薪酬相关的调查问卷。有些企业甚至会组织一次人才招聘活动，吸引一些求职者来应聘，在筛选简历、面试等环节了解一些情况，例如同行企业的薪酬水平怎么样、薪酬结构包括哪些要素、各要素占多大比例等。对同行和市场的薪酬状况和变化动态有一个及时的了解，对于解决薪酬外部公平性问题至关重要。

第四，选择要调查的基准工作岗位，确定参照标准。虽然不同行业的薪酬标准差距较大，但还是可以找到一些基准性工作岗位，例如百货公司或超市的收银员、营业员、服务员，中大型企业的保安、保洁、文秘、前台和总台等岗位。基准岗位通常具有较强的区域性特点，适合企业之间进行横向比较，而且需要建立高、中、低三个层次的基准岗位，这样通过比较参照便可得出一个企业薪酬水平的高低，也可以看出区域之间的薪酬差异。在进行薪酬调查时，企业通常会选三个基准点，即高层选一个基准点，中间层、部长经理层选一个基准点，基层员工（保安或前台等）选一个基准点，然后参照衡量这三个具有代表性、标志性的岗位的薪酬水平。通过比较这三个基准点的薪酬水准，可以大概测算本公司的薪酬水准在行业或区域中处于什么样的水平。

第五，注意薪酬调查结果的滞后性。薪酬调查是对过去一个阶段的薪酬水平进行分析研究，其结果可能已经滞后于当下的实际情况。因为人才市场的供需情况、企业的薪酬水平处于不断的变化调整中，此外，由于信息不对称等原因，我们收集到的信息有可能不是最新的，我们对当前正在发生的最新动态、最新信息可能还不太了解。所以，运用薪酬调查结果时需要小心，如果同行有好的地方，我们可以结合企业的实际情况适当借鉴和模仿，但切忌全盘照搬。

通过薪酬调查，企业可以了解自身薪酬方面的优势和劣势，优势突出时不可骄傲自大，劣势明显时也不必丧失信心。企业要紧密结合下一个阶段的发展目标，对当前的薪酬制度做一些必要的调整，以保障在职的骨干人才不流失，并吸引外部的优秀人才进入本公司。

第五节　同工一定要同酬吗

企业薪酬分配中比较常见的一个问题就是同工是否一定需要同酬。一般大家会认为，同样的岗位，干的活也差不多，应该拿一样的工资。例如都是同一家企业的工程师，工资奖金应该差不多。但在实践中，同工同酬还会涉及很多细分问题，需要仔细斟酌。

一、同样的岗位，工作内容可能不同

假如两名员工的岗位都是技术工程师，那他们的工作内容肯

定一模一样吗？答案显然是否定的，处于同一岗位的不同工作人员，其工作内容、职责的侧重点往往不同。即便岗位职责和工作内容等完全一样，不同员工完成的工作量、工作绩效也会有差异，他们的服务品质和内部客户满意度也不一样，那他们为企业创造的价值和做出的贡献肯定不同。就算是贡献度差不多，他们的年资、学历和技术等级也不一定完全一样。所以，企业管理者必须认真思考同工是否一定要同酬的问题。

在实践中，"一刀切"地实行同工同酬制度，反而有失公平，甚至会打击员工的积极性。员工在同样的岗位或职级上，也会因为工作绩效和品质不同，使得薪资收入在一个范围内波动，存在一定的差异。

一般而言，同一岗位的工作侧重点有可能不同。例如同一企业中的两个员工虽然都在工程师岗位，但一个从事技术研发，另一个从事技术管理。技术研发人员通常属于研发部门，而技术管理人员则可能会在复杂的生产车间监督生产工艺技术的流程、工艺配方的执行情况或产品品质等，维护生产设备的正常运转。这两位工程师的岗位职责、工作风险等明显不同，企业需要对他们的岗位价值做专业评估，一般技术研发工程师的价值性或许会更高一些。这两位工程师虽然属于同一岗位，但工作内容和职责不一样，他们创造的价值也不一样。

二、同样的岗位职责，工作效果可能不同

在工作岗位、工作内容和工作职责几乎一样的情况下，员工

的工作品质和工作绩效也会有所不同。例如电工班的技师都是电工岗位，职责都是维护电路的正常运行，做一些维护和维修工作，他们的岗位职责和工作内容是一样的，干的活也是一样的，那按照"同工同酬"的思路他们的工资待遇应该也一样。其实，虽然他们都是电工岗位，都在电工班组，但他们在一周、一个月内干的活并不一样多，工作效率也不完全一样，服务质量、对报修问题的响应速度、客户对他们技术服务的评价也是千差万别。有些电工能及时发现安全隐患，及时提出改进方案，及时采取有效措施，做到防患于未然，而有些电工却连分内的工作都不一定能积极完成。

综上可见，工作岗位、工作内容和工作职责相同，员工为企业创造的价值和绩效也有可能不同。企业应该在相同的岗位工资基础上，加大浮动部分的比例（绩效工资部分），可通过考核评价员工工作成果和服务满意度等来确定浮动工资的比例。企业在进行薪酬分配时，应在兼顾公平的基础上尽可能拉大收入差距，以激励员工更好、更快、更高效地完成工作。

三、岗位评价的指标有偏差

在薪酬分配中，绩效考核就是指挥棒，如果考核的 KPI 有导向性错误，就会导致考核发生重大偏差。在印度某企业曾经有一个电工班，该企业竟然用"换灯泡的次数"作为主要 KPI 考核电工的绩效。也就是说，电工在考核期内（比如一个月内）换的灯泡越多，他的绩效工资和奖金就越高。结果，这些电工每个月都会把公司的灯泡全换成新的，尽管大多数灯泡还没有坏。因为公司定的考核标准是"换灯泡的数量"，而且要求每个月必须达到200个，若达不到这个标准，则视为电工没有完成当月的工作任务。所以，电工们就会把好的灯泡也换下来，先完成工作量。那些被换下来的好灯泡怎么处理呢？有的工人下次更换灯泡时会再把它们换上去，这部分电工还知道帮助老板节约成本，还有一些不讲职业道德的电工就会再去买新的灯泡装上，然后把这些旧的好灯泡卖掉，钱可能都进了他们的私人腰包，因为从账面上看那些旧灯泡都是报废的。

由此可见，如果企业的考核标准有偏差，会直接导致企业成本增加，而且还会让一些心怀不轨的员工钻空子，中饱私囊。用更换灯泡的次数作为电工岗位工作量的考核标准，简直令人啼笑皆非，荒唐至极，但实践中类似的现象可不少。例如消防大队的消防员救火次数多则可以被评为救火英雄；交通警察可以从收取的违章罚款中拿提成；医生开的药品数量多、金额高，就会被奖励、有提成等。这些扭曲的岗位评价制度不仅会对企业造成影响，还会引发一系列严重的社会问题，所以在确定岗位评价指标时，应尽量缩小偏差。

在处理同工是否同酬的问题上，海尔的"三工并转"考核制度值得借鉴。对于同样的岗位，海尔选定了员工的工作数量、服务品质、成本控制、客户反馈和内部客户满意度等评价指标，通过定期考核将员工分为优秀工（2B）、合格工（B）、试用工（0.5B）三级，各级之间的工资和奖金有一定差距。这样不仅极大提高了工作效率，也使得薪酬分配更加公平。

四、拉开同岗位收入的差距

正如上文所言，海尔将同一岗位的员工根据评估考核分为三级，各级员工的收入差有时可以达到两三倍，因为优秀工的收入比例是150%，合格工的收入比例是100%，试用工的收入比例就只有50%。虽然同一岗位的收入差距很大，但海尔员工的工作积极性却挺高。

同工同酬是比较传统的岗位工资的概念，在一定程度上已经不符合新时代企业管理的实际情况了。在市场经济条件下，企业管理者必须打破同工就一定要同酬的思维定式，依据科学合理的岗位评估结果，适当拉开同一个岗位的收入差距，以激励普通员工，尤其是骨干员工的工作积极性。

此外，我们还需要研究不同岗位之间的技术要求、工作内容、工作责任、工作难度、风险系数、影响力和价值创造等要素，在此基础上进行岗位价值评估。总之，薪资待遇需要与员工创造的价值相对应，呈正向的线性关系。

当然，我们还要去考虑一下不同地区的差异。我们当地的消费水平，像北京、上海、深圳这样的一线城市，其消费水平普遍比较高，在薪酬方面通常都会有一个地区差价。通常到一线城市出差的住宿标准和补贴都要高一些。如果是在四川、湖北省内偏远的三四线城市，跟在北京、上海、深圳这样的特大城市相比，即使在同样的工作岗位，其薪资收入也是不一样的。同样的工作岗位，不同区域的薪酬标准会有所不同。按照薪酬的地区差异通常可将我国城市分为三类地区：A类地区、B类地区和C类地区。所以，薪资标准需要跟当地的消费水平相匹配。

当然，薪酬分配还需要考虑当地人才市场的供需情况，包括人才的数量、人才的质量、该岗位人员的招聘难易程度等。一般招聘的难度越大（人才供不应求），员工的薪酬水平会越高；反之，越容易招到人的岗位（人才供大于求），其薪酬水平会越低。有一个笑话，大意是在北京和上海的地铁里随便扔一个棋子下去，最有可能砸中的是三类人：第一是财务会计，第二是文员，第三是IT工程师。但在北京中关村扔一个棋子下去，砸中IT工程师的概率可以达到百分之七八十。即便如此，IT工程师的薪资水平还是远远超过了很多行业，足以见市场上急缺这类人才。

五、要为员工的能力付酬吗

企业通常会为员工所创造的成果和价值付薪，那是否需要为员工的能力付酬呢？站在员工的立场上，一个员工的能力强、素质高、态度好，可以提升企业的综合竞争力，企业应该要多激励他。但站在企业的立场上，员工的能力对企业是否有价值，有多大价值，若需要为员工的能力付薪，又该付多少呢？

假如有千里马、骡子、驴三个动物，主人把它们关在磨坊里一起磨磨，吃同样的草料，一同住在磨坊里。磨磨是驴所擅长的工作；骡子虽然不擅长磨磨，但基本可以胜任，它最擅长的工作其实是负重，尤其是长途负重跋涉最厉害；但让千里马也来磨磨就糟了，它根本干不过驴，而吃的草料可能一样多。

第四章　如何破解薪酬公平性难题

如果这个主人非常会识才、用才的话，应该给千里马、骡子、驴分配不同的工作，让它们发挥各自的特长和优势。它们暂时都被安排去拉磨，虽然驴干得最好，但骡子可能要比驴吃得更多（体量大），千里马可能需要吃更好的精料。因为将来有朝一日需要上战场，千里马可以成为将军的坐骑，能日行千里，建功立业。骡子最适合长途跋涉，它背负的货物可以达到驴的两倍，可作为重要的货物运输者。原来驴不了解情况，还心生嫉妒：为什么主人给骡子的草料比它的多。直到后来需要长途运输货物了，驴才幡然醒悟，原来骡子的运输能力超凡，给主人创造的价值很高，享受的待遇自然也不一样。

假如把这三个动物拉到集市上去卖，千里马、骡子和驴能卖一样的价钱吗？当然不会。千里马如果被伯乐相中的话，一定价格不菲，而驴的价格毫无疑问是最低的。

因此，在同样的岗位工作的员工，看似各方面情况差异不大，其实他们的能力、素质、潜力是不一样的，虽然当前阶段大家都在干同一件工作，但后续的发展和贡献必然有差异。那企业是否需要、是否应该为员工未来的能力和成长而付费呢？在此案例中，让千里马跟驴在一起拉磨时，要不要给千里马配上良好的精料呢？如果不给配，后果显而易见。

很多跨国企业的人才培养计划给我们带来明确的启发：企业应该注重人才储备，不断培养后备人才，需要给人才未来的能力和素质付费。如果某位员工提升了工作能力，企业就需要给他加工资、加奖金，提高薪酬待遇，以鼓励员工不断地提升工作能力、实现自我价值，达到企业发展和个人成长双赢的目标。

在薪酬管理中有句俗语：左手是事，右手是人。前半句是说要不断实现企业的战略目标，即完成工作任务，达成绩效指标；后半句强调要不断地提升员工的个人能力和价值。除了盈利，企业还有一个很重要的使命就是持续不断地推动和促进员工成长和发展，让员工个人有能力展翅翱翔。所以，促进员工个人价值的提升，也是企业薪酬分配制度的一大重要使命。

企业鼓励员工提升工作能力和自我成长，鼓励员工实现一岗多能、一专多才，让他们相互学习、交叉掌握上下游或其他岗位的技能，可以提高企业内部岗位设置的柔性和灵活性，有助于企业根据客户要求和环境的变化而灵活应变，使企业成为能够及时适应市场和客户需求的"变形金刚"。企业愿意为员工未来的个人成长和能力培养付费，可以帮助企业内优秀员工和骨干迅速地脱颖而出，让员工愿意花时间、花精力、花金钱来促进个人素质和能力的成长。这样一来，企业大多数员工的能力和素质获得提升，必然可以提高企业的核心竞争力。企业内部岗位的专业化程度要求越高，对员工的协同配合和工作交叉支持要求就越高，对个人工作能力的要求也会越高。可见打造学习型团队、协作性团队也是未来企业的发展趋势。

能力薪酬的理念已然成为企业薪酬制度发展的趋势和重点，已经有很多企业开始逐步调整自己的薪酬导向，从结果导向、绩效导向逐步转变为能力导向，开始按能力取酬、按能力付酬。但因为理念还不够成熟，条件还不太完备，在当前国内的一些民营企业还很难实行这样的薪酬制度。

其中一个重要的原因是，大多数企业对员工和干部的能力评

第四章 如何破解薪酬公平性难题

估还没有做到位，还没有专业的工具、量表和模型来准确测量员工的素质和能力，即缺少专业的岗位胜任素质模型。当然，在行业里也有类似的能力测试模型软件，例如在台湾地区流行一个叫"104人力银行"的测试软件，可以对员工岗位胜任素质做一个很好的测试。未来肯定会出现一些很好的测试软件，笔者建议大部分企业在目前的绩效制薪酬中再加一个能力模块，即以绩效成果为主，以能力素质为辅，这样会更有利于当前员工的素质提升和个人成长。

至于如何制定绩效型薪酬制度，如何设计绩效型薪酬体系，如何充分调动员工的积极性，让他们多快好省地完成岗位绩效，是我们下一章要重点探讨的问题。

第五章
绩效制薪酬体系设计

第一节 绩效制薪酬的优点

目前大部分跨国企业已经开始使用绩效制薪酬体系，国内大中型企业、上市企业使用绩效制薪酬体系的比较多，小民营企业虽然真正使用绩效制薪酬的不太多，不过大部分小民营企业老板已经认识到应该使用绩效管理、绩效考核、绩效制薪酬。然而他们尝试使用绩效制薪酬的效果普遍不佳，导致小民营企业想用绩效制薪酬却不敢用。为什么大多数小民营企业使用绩效制薪酬的效果不太好呢？

一、绩效制薪酬改革的雷区

通常情况下，小民营企业的老板自己不太懂绩效薪酬，而人事经理也往往没有设计绩效制薪酬体系的能力，聘请外部咨询顾问也会有成本方面的顾虑，所以小民营企业主观上认可绩效制薪酬，但实践中却无从下手，即便生搬硬套地实行了绩效制薪酬，效果也不尽如人意。其实，薪酬分配制度是企业管理中非常敏感的一个板块，它就像个炮仗一样可能一点就着，薪酬改革若不成功，就会在全公司会炸得人仰马翻，所以很多企业家就有点投鼠忌器，也很忌讳薪酬制度的大幅度调整。通常，我们建议大部分企业对薪酬制度做微调，采取"小步快跑"式前进，瞄准一个正确的方向，一步一步推进。如果企业薪酬制度的变化幅度太大，可能会搞得企业内部人心惶惶，不利于企业员工团队的稳定和绩效的提高，也不利于企业的可持续发展，甚至有一些薪酬变革还会引发激烈的矛盾和冲突，在短时间内导致大批骨干员工集体离职。

　　曾经有一家大型国有企业的总经理去听课学习，发现绩效制薪酬非常好，回去后立刻决定让他们的企业推行绩效制薪酬，于是聘请高级顾问来辅助企业进行薪酬改革。顾问老师花了两三个月的时间做出了一套绩效薪酬的改革方案，企业高层大加赞赏，要求在企业内全面地强制推行。结果强推了一半就遭到了大多数管理干部、基层员工的强烈抵制和反对，再也推行不下去了，因为这个顾问老师是使用"倒扣法"设计的方案，完全不符合他们公司的情况。

　　"倒扣法"就是从整个薪资中挖出一部分做绩效工资，然后考核绩效，若绩效不合格则倒扣工资。例如某个员工原来每月工资是2000元，从2000元的工资中拿出50%做绩效工资，员工的薪酬结构就变成了1000元的基本工资加1000元的绩效工资。然后企业对1000元的绩效工资进行绩效考核，按照考核系数对应考核工资。结果，很多人的绩效工资都达不到1000元，相比之下他们的收入更低了。

　　于是员工和干部都闹翻了，纷纷跑到办公室质问，为什么要

第五章　绩效制薪酬体系设计

扣他们的工资。矛盾愈演愈烈，甚至有一群人把那个顾问老师拦在厂里面，不让他出去，还发生了肢体冲突。该顾问提出的绩效薪酬改革方案彻底无法实施，只好灰溜溜地跑了。后来，这家企业的高层阅读了笔者出版的薪酬绩效相关书籍，比较认可其中的理论和方法，于是邀请笔者的团队去帮助他们企业实施绩效制薪酬改革。

我们团队最终帮助这家企业顺利完成了薪酬改革，以下简要介绍薪酬改革的步骤。

第一步，先提出一个绩效薪酬改革的草案。我们不推荐使用"倒扣法"，就算是要采用"倒扣法"方案，也需要先提出一个草案来，让员工和干部们充分讨论。在讨论的过程中，员工们自然会权衡方案的利弊，各种反对意见就冒出来了。我们再根据员工提出的意见，对方案做修改和微调，若有行不通之处，还要考虑使用其他的解决办法。一般都会经历好几轮的激烈讨论，直到改革方案被大多数员工接受。

第二步，当全体员工对绩效薪酬改革方案不存在重大异议时就可以确定方案了。方案定下之后也不能一下子大面积推行，可以先找一两个部门试行。在试验阶段，有些问题和矛盾就会暴露出来，我们可以针对具体问题和矛盾对方案再进行纠偏、调整、补救。

所以，大面积推行绩效制薪酬改革之前，需要非常谨慎。企业必须结合自身的实际情况，提出适合本企业的改革方案，然后循序渐进，积极稳妥地推行。如果偏听偏信一些所谓的"专家意见"，生搬硬套，后果不堪设想。

二、循序渐进、"小步快跑"的绩效制薪酬改革

一般民营企业在推行绩效制薪酬改革时，需要循序渐进，采用"小步快跑"的方式变革薪酬体系。那么对于上文所述的薪酬变革案例，具体应该如何操作呢？

除了那位顾问老师提出的"倒扣法"方案，还可以在原工资的基础上"先加再考核"，首先保证大多数员工的基本收入没有被明显降低。即将所有员工的薪酬先增加10%，然后再拿出30%做绩效考核奖金，那就变成了拿原来2000元的20%出来做考核，然后加了10%，绩效工资达到了30%。那干部和员工们就开始算账了，2000元拿出20%就是400元，老板又给我加了200，那就是600元绩效工资，虽然基本工资变成1600元了，但绩效工资是600元，理想情况下总收入会达到2200元。

假如进行绩效考核时，绩效成绩是80分，绩效工资就是480元，基本工资1600元加上绩效工资480等于2080元，比原来还多了80元。员工这样一盘算便发现薪酬改革方案基本可以接受，更何况很多员工认为绩效考核肯定能得80分以上，说不定能拿100分呢，总收入则会只多不少。如此一来，员工的不安和抵触情绪就会大大减少，改革方案实施起来会更加顺畅。

三、绩效工资必须100%封顶吗

很多人以为绩效工资100%封顶，因为绩效考核最高分只有

100分，假如绩效工资是600元，考核得最高分（100分），则可拿最高绩效工资（600元）。

其实不然，绩效考核的绩效系数最高可以做到120%~130%。绩效考核的等第可以分为五级，即优、良、中、及格、差。中等对应系数为100%，良好为110%，优秀为130%。如果绩效考核成绩不理想，及格对应系数可以是80%，差等对应系数可能只有40%~50%。企业一般会相应拉开绩效考核的系数差距。

还是用上文的案例，我们来算一下员工的收入。中等绩效系数，即100%对应绩效工资600元；及格等则对应绩效工资480元；差等如果对应40%的系数，则绩效工资为240元；良好等绩效系数就是110%，对应绩效工资660元，在600元基础上还增加了60元；优秀等系数为130%，绩效工资则达到780元，在满额绩效工资的基础上又增加了180元。

原来员工只有2000元工资，绩效制薪酬改革以后，他们的最高工资可以达到2380元，利益不但没有受损，而且还有机会比以前挣得更多，员工的工作积极性自然就会被调动起来。

等员工适应了600元的绩效工资以后，积极性又开始慢慢消退，企业是不是可以考虑将绩效工资再提高一点呢？每年有大约5%的通货膨胀率，每过一两年，企业就需要考虑加薪，尽量将这一部分加到绩效工资里。今年是600元的绩效工资，明年可能就是700元、800元，甚至到1000元。员工适应了考核、适应了绩效系数，也就能够理解，愿意配合了。

综上所述，在绩效制薪酬改革中，一定要让员工确信，绩效工资并不是100%封顶，优秀员工最多可拿到130%，良好员工也可达到110%，就像学生考试，最高分不一定只有100分，有可能是130分。在正常考试满分100分的基础上额外增加10分、20分或者30分的附加题，让学生按照自己的意愿选择性地做。这样带有激励性的制度安排更能够激发员工的干劲，鼓励他们提高工作效率。

四、计算绩效工资的绝对法和相对法

通俗来讲，绩效就是实际工作成果或者目标达成的程度。笔者给绩效下的定义是：绩效就是目标达成率，或者依据目标达成程度来划分的不同等第。通常绩效考核的结果是划分等第，即优、良、中、及格、差。就像学生考试以后，老师批的考试分数会对应一个成绩等第，如果成绩是优等，通常是考了90分以上，或者分数在全班同学中排在前10%。

目前，大多数企业绩效考核的结果不一定是绝对的分数，因为绝对的分数未必有绝对的实际意义，而且不同的经理给下属打分的标准不同。有些公司不是拿绩效的等第来换算绩效系数，而是直接用绩效考核分数所占的百分比（如80分对应80%）来乘以绩效工资，结果就是员工绩效工资直接打八折。

这种做法显然是欠妥的，这样理解绩效考核会引起严重偏差。如果公司用一百分去对应员工的绩效考核结果，那考核分数怎么可能超过100分呢！如果给员工打85分，就意味着他的绩效工资少了15%，员工当然不开心。企业如果强制性这样做，只会导致一个现象：各部门经理疯狂地给他的下属都打90多分。

第五章 绩效制薪酬体系设计

笔者曾经见过一个部门经理，他给下属打绩效分，最低分92分，最高分93分。人力资源经理看见后很气愤，向上级请示后修改了规则：绩效分90分以上的人数不许超过10%。结果，那个部门经理打了几个90分以上的，其他的都是80~90分。最高分是89分，最低分是80.99分。这就是典型的"上有政策，下有对策"。

所以，绩效考核的评判标准不是生产部经理、营销部经理、财务部经理给下属打的绝对分，因为经理们（管理者）的评判标准不一样，所以他们评判的分数（绝对分）互相之间没有可比性。如果经理给所有下属打90多分，那他的下属员工都是优等，没有差异的绩效考核结果就没有参考价值。

笔者推荐的做法是对分数进行排序，再按照正态分布的百分比确定等第。如果员工绩效考核成绩为85分，大概会属于良好等，良好这个等第对应的绩效薪酬系数是110%，那员工将获得超额的绩效工资，他当然会很开心。如果经理给下属的绩效考核评分分值比较集中，全部人员都在85~89分之间，这时可以采用相对法排序的方式对所有分数进行正态分布，按照不同比例确定绩效等第。

依据多年辅导企业绩效型薪酬变革的经验，笔者总结出来的规律就是要做部门排名，计算绩效工资不用绝对法，而用相对法。具体怎么做部门排名呢？就是部门经理给下属打绩效分，不可以有完全相同的分数。如果都是95分，则需要再加小数点。

然后将员工的绩效成绩按顺序排名，完成排名以后就按照正态分布的五个等级来确定人数。如果绩效评分的最低分是92分，最高分是93分，一样可以做绩效顺序排名。如果有30个下属员工，可以从第一名、第二名、第三名一直排到第30名。下属员工的绩效评价表格，前面填的是分数，后面对应的是排名，然后根据正态分布确定人数和比例。

例如优等占比为10%，某主管有30个下属，优等的则只有3个；良等所占的比例为20%，就有6个人。依此类推，不管下属有多少人，只需要按照绩效分数相对应的排名划分等第，运用相对法做决断即可。

五、金钱刺激是"双刃剑"

当前，对大部分员工来说，金钱的刺激是第一位的，但企业家也不应把金钱刺激的作用看得过高了。因为金钱刺激本身就是"双刃剑"，需要用好、用活、用适当，如果用得不好，反而会带来更多问题。

金钱刺激通常会有边际递减效应。例如当我们非常饥渴时，吃了一个红富士苹果，感觉苹果又香又甜，吃第二个就感觉味道一般，第三个就更不行了，到吃第四个苹果时甚至感觉味同嚼蜡，还不如吃个番茄或者红薯呢。同样都是红富士苹果，难道这个苹果的味道变了吗？并没有。因为一直吃苹果，结果造成了审美疲劳，经济学上将这种现象称为"边际递减效应"。所以，企业也要慎用金钱奖励。增加待遇时，以主要加浮动型绩效工资为主，千万不能变成单纯地加工资。

六、绩效制薪酬的主要特点

绩效制薪酬的主要特点有以下七条。

第一，能够有效调动员工的工作积极性。绩效工资其实就是浮动性的奖金，需要按照员工完成工作的实际效果进行付费，员工多创造价值、多做贡献，就应该得到更多的绩效工资。

第二，绩效制薪酬可以促进企业绩效的提升。

第三，绩效工资的变化幅度非常大，上不封顶，下不保底，能够拉开员工之间的收入差距。

第四，企业支付绩效工资的时间和周期、方式都比较灵活，可以根据实际需要进行安排。

第五，绩效工资的激励作用在短时期内就能体现出来，有立竿见影的激励效果。例如员工这个月有突出贡献，绩效工资和绩效奖励当月兑现，员工能及时收到回报，激励效果更好。

第二节 绩效制薪酬的激励作用

一、绩效制薪酬是有效的激励手段

一般而言，绩效制薪酬对员工的激励作用很大，绩效工资能够激励员工提高工作效率，是企业管理的有效手段。通过绩效工资，能够拉开员工的收入差距，体现员工所创造的不同价值。在满足基本生活、基本生存能力的基础上，绩效工资能够提高员工的收入，体现多劳多得的薪酬分配原则。

员工在不同性质和类型的岗位上，其绩效工资占总收入的比例不同。同一个岗位上的收入，也会因绩效考核结果不同而有差别，有时候可能会拉开一定差距。

二、三工并转的 ABC 模式

海尔公司实行"三工并存，动态转换"的 ABC 模式，即将员工分为 A（优秀工）、B（合格工）、C（试用工）三等，绩效工资相应也分为三个等级，每年年底都会根据员工的工作绩效调整所有等级。上级领导每天都要根据下属一天的工作表现情况进行等级评价，如果员工当天的具体工作表现很棒、优秀，就是 A 等级；如果员工做得不错、中等、合格，就是 B 等级；如果员工当天表现欠佳，需要努力，就是 C 等级。等级关系如下：A 等于 1.5 个 B，C 等于 0.5 个 B。一个月结束后，上级领导要统计所有员工当月的工作绩效。如果一个月有 24 个工作日，则员工获得 24 个 B 则为合格，员工当月共获得 n 个 B，那 n 除以 24 就是他的绩效系数 u，再用绩效系数 u 乘以月薪基数就可以算出当月绩效工资。

海尔公司每天给员工算薪资，严格落实"人单酬合一"，员工的工作主动性和积极性被极大地调动起来。由此可见，绩效管理必须加强过程管理，管理者需要对下属的工作表现进行及时反馈,及时奖励或惩罚。这种管理方式也被称为即时管理。

很多管理者对"即时管理"这个词还比较陌生,很多中国企业在这方面做得严重不够,大家都喜欢发年终奖,有时却忽略了每月、每周、每天、每时、每刻的奖励和反馈。事实上,一些大型跨国企业在即时管理、过程管理(精益管理)方面已经做得很棒了。我国企业管理者在这方面也要下功夫,要向海尔公司学习。

三、企业发放绩效薪酬的依据

关于企业发放绩效工资的依据问题,大家的看法也不一样,业界分为两大派:庙宇派和冲锋派。

庙宇派认为,绩效是团队协同作战的成果。例如在一个寺庙里,每一个和尚都会被分到不同的部门和岗位,有香客来烧香礼佛,需要有人迎接,有人负责餐食,有人负责念经、敲木鱼。不能说做后厨的肯定不如敲木鱼的,也不能说做接待管理的肯定不如念经的。大家是一个统一协调的整体,应该在年底把全部利润,按照价值贡献程度进行统一分配。

冲锋派认为,绩效必须要突出个人和骨干的特殊贡献。做营销业务就是上战场打仗,需要有人冲锋陷阵、敢于拼杀,重赏之下必有勇夫。所以算绩效时不能搞大锅饭,要按劳分配,按军功章分配,军功越高者理应拿到更多的奖励。

四、业绩主要靠平台还是靠个人

笔者建议，如果业绩主要是靠平台产生，而不是依靠个人的特别努力，那企业就应该按照岗位等级分配绩效薪酬。如果这个业绩（军功）是主要靠某个人的努力和贡献完成的，那企业就要给战斗英雄单独发奖金，而不是集体荣誉。可见，上战场和寺庙烧香是不一样的。因为寺庙里没有哪一个独立的和尚可以去接受香客的捐款，通常是要求香客把香油钱捐到募捐箱里，然后大家一起来分配。所以，完全依靠公司的平台来取得的成绩，应该依靠岗位价值评估结果给员工分配绩效工资。

企业需要仔细分辨企业业绩主要来源于个人还是集体，将这一来源作为发放绩效工资的主要依据。例如，服装销售店的服装销售额若是主要依赖门店的客流、门店的规模、服装的品牌和款式等因素（公司的平台），则业绩主要应归功于公司的平台。那门店的售货员、营业员、服务员有没有体现出他个人的价值呢？当然也必不可少，个人门店里卖得好的营业员跟卖得差的营业员所做的贡献差距很大。在这种情况下，绩效主要依赖于平台的作用，个人贡献的影响较小，绩效工资占比也就会小一些，这就是调节绩效工资占比的依据。

例如肯德基、麦当劳快餐厅的收银员，在客人点餐时是不是可以多说一句话："现在本店推出一个新菜，加三块钱就可以买一份，要不要来一份尝尝鲜？吃过的客人都说很棒。"如果收银员做推荐的话，客人通常会点一份试试，结果是多做了三块钱营业额。那是否可以从多出来的三元钱中拿出五角、八角钱来奖励一下这个收银员？笔者认为是需要的。假设因为收银员的推荐，当天多了一二百个客人点餐，收银员当天的收入可能就多了 100 元。此时，收银员只是一个传统的收银员吗？不是，因为他除了收银，还顺带做了一些销售工作，增加了门店的销售额，这就是全员营销的一种体现。

全员营销，简单来讲就是谁能做营销、增加企业的价值，企业就给他提成，这也算一种绩效工资和奖励。所以餐饮、服务门店、酒店等行业应提倡全员营销。酒店里保洁阿姨也很有可能引荐一个单位来酒店开会或聚餐，能拉来企业在酒店搞三天活动。此时酒店就应该给保洁阿姨奖金或者提成。由此可见，绩效制薪酬必须灵活地利用绩效工资激励员工努力工作。

第三节 绩效工资的 ABC 模型

绩效工资的 ABC 模型为：A 外加型，B 内减型，C 加减型。

一、绩效工资的 A 模型：外加型

绩效工资的 A 模型（外加型），就是在基本工资之外加了一块绩效工资，体现员工的绩效结果。例如员工的基本工资 1000 元不变，额外加 100 元或者 200 元的绩效工资，大家会很乐意接受。因为是额外加的绩效工资，不会影响原来的收入，如果绩效

评分不错，还可以增加一份收入。

二、绩效工资的 B 模型：内减型

绩效工资的 B 模型（内减型）就是倒扣型或者内含型，即从基本工资中划出一块作为绩效工资。企业推行绩效工资变革，凡是采用倒扣型的，大多会遇到员工的强烈抵触，尤其是原来没有绩效工资的企业。例如某国有企业总经理决定，让所有员工都拿出月收入的 50% 做绩效工资，员工听后一片哗然：为什么要变相倒扣我们的工资，这就是降低员工收入，我们反对！可见，内减型或内含型的绩效薪酬改革会遭到员工的抵制，难以执行到位。

那么在企业实际工作中，到底有没有企业确实需要这种内含型的绩效工资模式呢？有，职责型的岗位就需要内减型的绩效薪酬。例如收银员岗位，假设收银员的月工资是 2000 元，若收银过程中出现收错、收回来假币、少收等情况，犯这些错误就要被批评，然后倒扣工资，因为他没有额外的奖项。我国当前违反交通法规就扣分的做法也是这样的，司机不闯红灯、不违反交通法规是应该的，一旦闯了红灯、违反了交通法规就会被罚款和扣分。驾驶员一年只有 12 分，如果扣完 12 分，只能去参加道路安全法规学习，并参加考核。

三、绩效工资的 C 模型：加减型

绩效工资的 C 模型也被称为加减型或复合混合型，即在员工的基本工资之外有一块绩效工资。绩效工资与工作尽职挂钩，如果员工的工作做得不够好，那么基本工资部分可能会被扣掉一小部分（与绩效挂钩的）；如果员工做得够棒，企业会在基本工资之外，再加一部分额外奖励性绩效工资。

　　加减型有多种可能性，做得很棒就额外加，做得不够好可能还会减。所以，我们需要判断外加型绩效是否主要是靠个人的努力获得的。外加型的大部分绩效主要靠员工个人努力，这种情况下企业会给员工加绩效工资；如果外加型绩效是依靠平台获得的，企业一般会给员工固定工资；如果员工的工作做得不够好，或者有哪一项工作没完成，工资就要被倒扣。当然，如果外加型绩效既靠平台又靠个人，则绩效工资会有加有减。例如饭店的收银员收错了账，饭店肯定会扣罚他，同时他每次都向客人推荐新菜品，带来了额外的营业额，那饭店就会对他进行额外奖励。这就是有加有减，员工相对比较喜欢这类绩效工资。

　　笔者罗列了 A 外加型、B 内含型、C 加减型的不同因素的比较，如表 5-1 所示。

表 5-1　绩效工资 ABC 模型的对比

比较项目	A：外加型	B：内含型	C：加减型
绩效工资的位置	不包含，特别的奖励	包含在岗位工资内	内外皆有，两者结合叠加，工作未达绩效要求，可能会被扣基本工资，如果表现优秀，会有额外的奖励
绩效工资的作用	额外的奖励	分内事做好才能拿到	
体现的含义	岗位工作要求一般，主要是突出业绩	岗位工作是完全的要求，必须全部做好	

续表

比较项目	A：外加型	B：内含型	C：加减型
典型方式	销售人员的奖金	管理型职位，年薪制	
体现的任职者价值	获得任职者短期的独特能力	获得任职者长期稳定的贡献	
职责完善要求	职责要求的内容不出错误即可	职责要求的内容都必须做到优良	
对工作人员的要求	基本要求，不重资历	重资历和综合能力	
报酬给付时间	即时发放，短周期	阶段性发放，长周期	
应用环境	短期激烈竞争氛围	稳定发展的环境	

四、绩效工资的确定方式

绩效工资到底可以按照哪些方式来确定呢？常见的有三种方式。

第一种，按照绩效和成绩直接计算。一般兼职推销人员或者专职销售人员可直接按照绩效成绩获取提成。例如收银员兼职推销一份外婆菜可提成五角钱，如果他一天成功推荐了100份，那就能获得50元的绩效工资。专职销售人员一般会有一个提成点，如果员工一个月卖掉100万元的货物，提成比例是1%，那他当月可获得奖励1万元。这种计算方式完全与绩效成果相关联。

第二种，由于行政、办公室、技术、后勤等岗位一般不会产生可以量化的成绩，那这些岗位该如何确定绩效工资呢？一般要按照多层次的绩效等第计算，对优、良、中、及格、差、这五个等级做排名对应。此时，绝对的分数已经没有实际意义了，相对的排名才更客观有效。就好像高考制度，北京大学在北京要录取几名学生是有名额限制的，例如北京大学在北京要录20名学生，那就要对第一志愿为北京大学的学生成绩进行排序，最后只能录取成绩排在前20名的学生。此时具体分数已不是参照重点。

第三，按照劳动合同或协议商定的条款确认。例如领取年薪的企业高管、营销总监等，其绩效工资是按合同协议计算的。合同约定企业高管一年的工作能使企业经营发展到何种水平，即对应何种水平的绩效奖金。例如合同约定销售总监负责的区域市场，业绩目标是2000万，绩效奖金提成比例为1%，但如果销售总监没有完成2000万的目标，假如只完成了1500万，是不是也有一个点（1%）的提成？恐怕不是。因为没有完成合同约定的绩效指标，所以绩效系数肯定要打折，此时要按照合同预先商定的条款具体计算绩效工资。

五、绩效等第与绩效系数

在计算绩效工资时还有一种可能，就是绩效属于团队贡献，几乎是靠平台、公司、团队获得的。这种情况下，员工一般获得差异幅度不大的平均奖金，但绩效系数需要按照团队中的个人贡献度来做一个划分。

通常绩效等第包括优、良、中、及格、差，或S、A、B、C、D。S代表超级或特优，A是优，B是良，C是中等，D是差。超级或特优等级的绩效系数是130%，A等的绩效系数为110%，B等的绩效系数为100%，C的绩效系数为60%~80%，D的绩效系数为30%~50%，甚至为零，最差的一等往往没有绩效工资。不同等级的人数占比不同，企业可以根据具体情况调整具体比例。

第四节　绩效工资的结构类型

一、不同岗位的绩效工资类型对比

不同岗位的绩效工资的结构类型不同，例如决策层、行政层、技术、销售、作业员等不同岗位，其固定工资和绩效工资的占比是不一样的。如果固定工资多一些，绩效工资就会少一些。例如高层管理者、总经理的固定工资占50%，绩效工资占30%、年底绩效工资占20%。高级管理者（中层经理、总监等）的固定工资占35%、绩效工资占50%、年底工资占15%。哪些岗位有年底绩效呢？只有高级管理、高级技术或者高层管理岗位，其他岗位通常没有。其他岗位的薪资结构类型如表5-2所示。

表 5-2　不同岗位的薪资结构类型

岗位系列		固定工资占比（%）	绩效工资占比（%）	年底绩效占比（%）
决策层	高层管理	50	30	20
行政管理系列	高级管理	35	50	15
	中级管理	60	40	0
	初级管理	50	50	0
技术系列	高级技术	50	30	20
	中级技术	60	40	0
	初级技术	50	50	0
销售系列		40	销售政策	0
作业员系列		50%	50	0
发放形式		固定发放	考核发放	年终结算

二、绩效工资的三大结构类型解析

绩效工资的结构类型通常可分成三大类：上山型、平路型和下山型。

如果一个岗位以结果为导向，比较容易量化，那其绩效工资通常属于上山型；如果一个岗位需要创造价值和效果，例如管理层岗位，其绩效工资通常属于平路型；如果一个岗位主要靠技术、靠经验，例如谈判工作、技术研发等，那其绩效工资通常属于下山型。

在企业内部，上山型、平路型、下山型绩效工资结构对应着不同的部门。例如营销部门和生产部门，其绩效工资通常属于以结果为导向的上山型；人事、行政、后勤和中层干部，甚至是高级管理等职能部门，其绩效工资大多属于平路型，即基本工资与绩效工资各占50%；研发、技术、财务等岗位以经验和专业能力为导向，其绩效工资大多属于下山型，即基本工资、固定的部分占比大一些，一般为70%~90%，绩效的部分占比小一些，一般为10%~30%。

企业在进行绩效考核时，如果把结果考核与行为表现的计分考核进行组合，绩效工资结构也可分为上山型、平路型和下山型三种。企业对不同的部门和岗位，采取的考核方式也会有差别。

上山型绩效工资结构是以结果为导向的，绩效考核中的结果考核占大头，一般可达70%，行为表现占30%。企业管理者需要观察并记录员工的日常行为表现，根据企业制度，如果有正向行为就加分，有负向行为、违规行为等就减分，每天的行为表现积分占30%。

平路型绩效工资结构中绩效工资和基本工资各占50%。

采用下山型绩效工资结构的部门大多数是职能部门，工作结果绩效不太明显，成果也很难量化，或者说短期绩效不容易衡量，主要是看长期绩效。那他们的绩效工资该怎么算呢？这就需要观察并记录员工的日常行为表现。

由此可见，工作结果越明显的岗位，越要关注绩效和KPI（关键业绩指标）；工作结果越不明显的岗位，越要关注日常行为表现和过程积分，这样就解决了企业绩效考核的大难题。

三、企业不同发展时期的薪酬结构和策略

在不同的发展时期,企业所采取的薪酬结构和薪酬策略通常也不一样。

在创业期,通常是固定工资比较低,但绩效工资比较高,福利一般会低于同行水平。

在成长期,企业发展起来了,固定工资需要向市场看齐,绩效工资就要适当加高一些,福利也需要相应提高,不然无法吸引人才和留住人才。

在成熟期,企业开始有了资本积累,固定工资可能会比同行高一些,绩效工资可能会更高。

在衰退期,企业的固定工资会比同行高,但绩效工资低一点,甚至没有绩效工资。企业已经拿不出更多的钱来给员工进行绩效考核了,况且绩效考核也无法起到促进绩效提升的作用,一般会选择取消。此时,企业需要进行创新突破,否则就会面临衰亡和失败。

第五节　影响绩效工资的因素有哪些

一、绩效主要归功于谁

企业在进行绩效考核时,必须要搞清楚绩效主要归功于谁,

进而针对关键因素进行奖励，这样才有可能促进绩效提高。不同人员、岗位或部门的绩效，是主要依靠个人、团队，还是主要依靠整个企业和平台？依靠的关键因素不同，企业的绩效考核和奖励方式也明显不同。

如果绩效主要是依靠个人努力产生的，那绩效奖金就要侧重于员工个人；如果绩效是依靠全体团队成员完成的，那绩效奖励主要是团队奖，然后在团队内部再根据贡献大小分到个人；如果绩效主要依靠企业和平台获得，则正如俗语说的：大河满、小河才能满，锅里有、碗里才能有。所以，企业一定是要对个人的绩效、团队的绩效和企业的绩进行关联考核。

二、影响绩效工资占比的因素

影响绩效工资占比的因素一般包括员工的等级、岗位、可替代性及企业整体的绩效水平等。一般而言，企业高层、中层、基层的绩效工资和整体薪酬水平差别较大。如果企业的整体绩效水平比较高，那高层的绩效工资自然就比较高，基层的绩效工资也会比同行水平更高一些。如果企业整体的薪酬水平比同行低，那高层的绩效工资可以比较低，但是企业要给他较高的固定工资，就是给他对应目标的年薪，让他有一定的安全感。因为这些高层管理者属于稀缺人才，他们万一离职了，不容易找到合适的人来顶替。基层的绩效工资就会稍微高一些，因为企业不可能给每个基层员工支付保护性的高固定工资。

另外，工作绩效的变化情况也是影响绩效工资的因素。如果工作绩效变化大，企业一般会采用年薪制，与员工签订合同；如果绩效变化不大，那绩效工资就会比较低。

三、个人、团队、企业对绩效的影响

一般而言，企业绩效主要来源于个人、团队和企业平台，所以笔者建议企业在做绩效考核时最好将这三个因素紧密关联。

具体该怎么做关联呢？建议用乘法，因为三个因素的乘法才更加富有激励性。如果个人绩效系数是80%，团队绩效系数是80%，企业（分子公司）绩效系数也是80%，三个系数相乘等于51.2%，相当于个人最终绩效打了对折。因为团队绩效、企业绩效都与团队成员的努力程度密切相关。如果企业都要倒闭了，或者团队、部门都要被裁撤了，那个人绩效怎么可能会好！所以，绩效考核要将企业、团队和个人紧密关联起来。

第六节 高管绩效制薪酬设计

一、高管的绩效薪酬该怎么发

高管的绩效工资该怎么发？如何针对高管采取绩效制的薪酬制度呢？笔者曾经听一些总裁班的同学说：公司花100万元年薪请了一个高管，每个月就支付给他8万元，甚至有的会一次性付

清年薪。但是干了6个月以后发现实在不行,因为公司业绩没有明显提升,最后只能赶他走了,企业只能跟他打官司,要回多支付的薪资,有些也要不回来,因为签订合同时考虑不周,没有充分的法律依据。所以,企业聘请高管一定要小心谨慎,高管的绩效薪酬制度也是很重要的一环,甚至比普通员工的绩效薪酬制度更重要。

企业出台高管的薪酬制度时需要注意以下六个要点:①能够调动高管的积极性。②同时又能有效地防范风险。③必须以经营结果为导向。④年度总目标的设定。⑤采用平路型薪酬模型。⑥采用分阶段、分目标、分风险和利润奖励的方式。

企业聘请总经理,通常都采取 50%+50% 的平路型绩效工资结构,还需要把分阶段的绩效目标设定清楚,按照风险共担和利润共享的基本原则进行分配。

具体应该怎么做呢?如图 5-1 所示,以年薪 100 万元的高管为例,其薪酬可分为两部分,左边分月发放的总计 50 万元,右

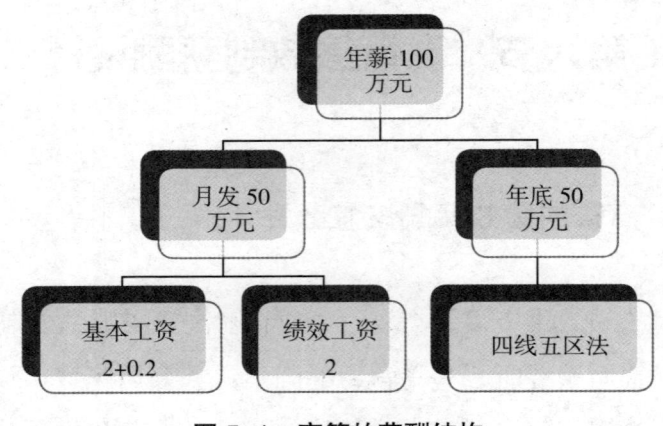

图 5-1 高管的薪酬结构

边年底对照绩效目标达成情况兑现的是50万元。

假设某企业以年薪50万元聘请一个副总经理，把50万元平分为两部分，为了计算方便，可用24万元来支付每月工资，其余26万元作为年底绩效奖金。

这24万元的月付工资，每个月是2万元。对于每月支付的2万元，企业还要划出一部分绩效工资，可占30%~50%。例如设定月度绩效工资是8千元，固定部分就是1.2万元。还可以将固定的1.2万元变成1万元再加2千元（保密工资）。这样一来，每月支付的2万元工资，其结构变为：8千元月度绩效工资，2千元保密工资，1万元固定工资。

26万元的绩效奖金应该到年底再兑现，具体应该按照什么标准来兑现呢？按照四线五驱法来兑现，即按照整个绩效目标的达成情况来兑现，其中有一个绩效的确保线，确保线就是达成的基本目标。

二、目标激励的四线五区法

如图5-2所示，四线五区法的目标线（确保线）下面有一个底线线，上面有一个挑战线，挑战线上面还有一个冲刺线，共四条线。海尔公司也将其称为温度计法，不同的目标线就像温度计的刻度，目标的刻度会有所不同，那衡量标准就不同，奖励和处罚的政策也不同。

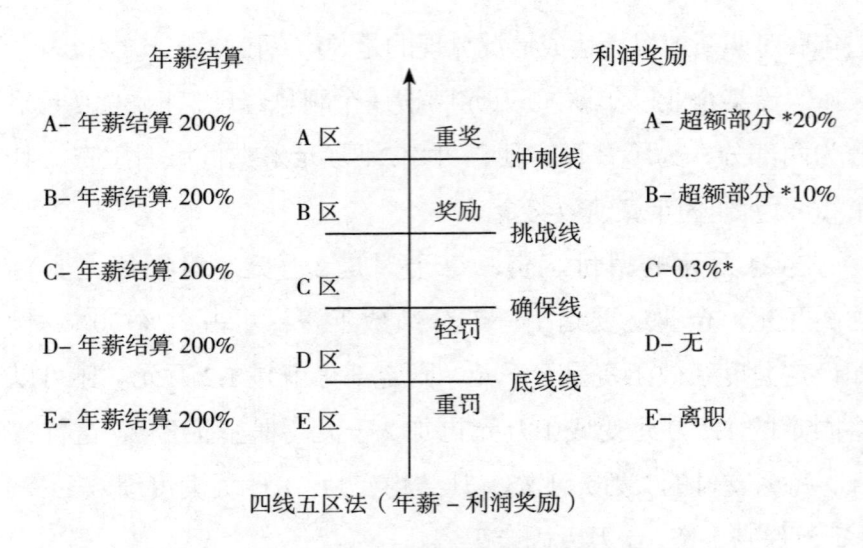

```
年薪结算                              利润奖励

A- 年薪结算200%     A区    重奖          A- 超额部分 *20%
                          冲刺线
B- 年薪结算200%     B区    奖励          B- 超额部分 *10%
                          挑战线
C- 年薪结算200%     C区                  C-0.3%*
                          确保线
                          轻罚
D- 年薪结算200%     D区                  D- 无
                          底线线
                          重罚
E- 年薪结算200%     E区                  E- 离职

         四线五区法（年薪 - 利润奖励）
```

图 5-2　四线五区法解析图

首先需要确定绩效目标值，不同目标值之间的区域，有不同的奖罚政策。最下面E区要重罚，目标线下面D区要轻罚，目标线到挑战线中间的C区不奖也不罚，挑战线到冲刺线之间的B区会有小的奖励，冲刺线以上的A区可获得大奖。由此可见，奖罚与绩效目标的达成情况必须是对等的。

企业外聘的高管或总经理，其年收入中包含多重奖励，包括年薪、超额利润奖励和分红部分。第一，年薪部分，完成的绩效成果越好，年薪就越高，有时甚至会翻倍。第二，超额利润奖励部分，如果工作绩效能够达到冲刺线，企业会将超额部分的20%作为额外奖励，甚至有企业将比例提高到50%。第三，分红奖励，很多经营效益较好的企业，年底会给员工分红，其高管自然也可以获得这笔奖励。

在这样的奖励政策之下，这个总经理所带的团队肯定会往最高的目标冲击。在这样的氛围下，公司的绩效才会不断提高，员工可以真正实现多劳多得。如果高管拿 50 万元的固定年薪，那他一般会选择刚刚达到目标线，因为干多了也没有额外收入。

三、高管绩效工资的考核指标

企业通常需要对高管做一个年底的绩效考核，考核的指标包括年净利润、组织发展、大客户数量和满意度以及市场营销策略与管理，有时还会有一些"电网"和"雷区"。所谓"雷区"，就是财务控制或者营销费用的控制，包括信息保密、知识产权保护等，这些一般都是红线，高管千万不要碰。进行绩效考核之后，还要考虑能否把最高的绩效系数做到 130%，甚至是 150%。往上最高达到 120%~130% 或 150%，往下为零，可以拉大收入差距。

高管绩效工资考核指标所占比例大致如下：①企业年净利润，一般占 70%，具体指标包括销售收入、营销费用、费效比等；②组织发展，一般占 10%，具体指标包括团队管理、人才培养、流程优化；③大客户数量及满意度，一般占 10%；④市场营销策略与管理，一般占 10%，具体指标包括预测、分析、拓展；⑤雷区底线，主要指财务控制方面。

第六章

巧妙设计营销人员薪酬制度

第一节　如何避开营销人员绩效薪酬体系中的常见陷阱

营销部门是企业的前线部门,直接给企业带来销售额和利润。营销人员薪酬制度对营销人员的工作积极性和战斗力有关键影响,而营销人员的薪酬结构中绩效薪酬所占比重较大,因此,如何设计营销人员的绩效薪酬体系就是一项值得仔细研究的重要课题。

很多企业的营销人员工作积极性不高,散漫又懒惰,归根结底是因为企业绩效薪酬体系存在严重的问题。因为很多企业的人力资源经理和人力资源专家并没有做过营销,不太了解营销人员的薪酬设计,只能延续原来的制度或者行业的通用做法。所以,有些企业所谓的营销人员薪酬设计,其实就是复制了同行头部企业的薪酬制度。大家误以为头部企业的薪酬制度是最好、最优方案,殊不知它可能也漏洞百出。营销人员的绩效型薪酬体系设计非常讲究操作技巧,首先要想方设法避开常见陷阱。

一、营销人员绩效薪酬体系中的常见陷阱

营销人员绩效薪酬体系中的常见陷阱可概括为十六条。

第一条,销售提成只跟销售额和回款挂钩。有些企业管理者认为提成跟回款和销售额挂钩是必须的,但销售提成只跟销售额或回款挂钩远远不够,因为销售额(回款)的背后还隐藏着营销费用、毛利润和服务承诺等,这些因素也必须考虑进去。

第二条,没有绩效工资只有业务提成。很多营销人员的薪酬就是固定工资(保底工资)加业务提成,最多再加一点补贴,例如电话补贴、午餐补贴、出差补贴,完全没有绩效工资这一项。

第三条,销售人员的过头承诺给后期交付和售后服务带来诸多隐患,但销售提成并不会受影响。尤其是一些技术服务类、工业品的销售服务,在争取订单的时候,销售人员为了成功签约,常常做过头承诺,结果等到技术工程师上门去安装、调试、维护的时候,才发现销售人员拍胸脯承诺的事情根本做不到。

第四条,有一些销售人员拉来的合同订单,公司从中获得的利润十分微薄,甚至不赚钱,但是业务员却照样可以拿业务提成。

第五条,营销费用实报实销,没有限额,导致营销成本过高。很多公司的营销人员出差可以实报实销,于是该住经济型酒店的去住五星级酒店,甚至有员工会故意搞来一些虚假发票报销。因为公司没有设立销售费用占销售额的比例,没有控制营销费用。

第六条,公司的薪酬制度频繁变动,销售人员缺少安全感。有些公司几乎每年都要大幅调整薪酬制度,容易引发组织动荡和

第六章 巧妙设计营销人员薪酬制度

销售人员的不安，于是年底常会出现比较明显的销售骨干离职潮。个别企业管理者害怕销售人员发财，一旦其收入和提成超过企业设定的天花板，就设法调整薪酬制度，让销售人员的收入降下来，这就逼着那些销售高手赶快离开。

第七条，片区业绩越高，业务提成比例反而越低。笔者辅导过这样一家企业，其在全国有许多片区市场，由于开发时间和成熟程度不同，各片区的业绩状况迥然不同，开发得比较成熟的片区大概一年有5000万销售额，一般的片区大约一年有2000万销售额，开发不足的片区，一年大概只有100~200万销售额。为了调动新开发片区销售业务人员的积极性，虽然他们一年只做200万业务，企业却给他10%的提成。而其他成熟片区的业务员每年做上千万业务，提成比例却远低于10%。

于是便出现了一个很奇怪的现象：当这个片区一年做200万销售额时，销售人员的提成比例是10%，当他做到2000万的时候提成比例变成了1%，当他做到4000万的时候提成比例降到了0.5%。最后这家公司的销售业绩持续七八年都没有明显增长，很多做200万销售额的片区市场永远长不大，业绩停滞。

第八条，新旧片区市场的销售提成比例一样，销售人员只想留在成熟老片区，不愿去开发新片区市场。

第九条，销售人员的底薪太低，没有固定工资，即实行完全佣薪制。卖车、卖房、卖保险的销售人员都没有固定工资，当然他们的绩效工资会很高，但是他们没有安全感，会对组织保持游离感，只要有更好的机会，他们就会脚底抹油。笔者发现有很多代理人类型的销售，如房产行业、医药行业的独立代理人，他们会同时代理好几家企业的产品，客户要哪家的产品就推哪家的，没有对某一家的所谓忠诚度，因为他本人只追求业绩和收入。

第十条，大包干，单纯实行区域市场承包制。有的公司对营销人员实行包干到户的政策，将一些片区市场承包给销售业务员，确定销售提成为一个点（1%）。销售人员无论干多少业绩都按1%的比例算提成，没有所谓的固定工资和绩效奖金。

第十一条，销售人员平时预支生活费，年底一次性结算，缺少计划性。

第十二条，带新员工没有额外收入，新员工上岗后老员工不愿意悉心辅导。因为带新员工要额外花费时间和精力，公司对此并没有薪酬上的补偿，再说在同一个区域市场做业务，教会徒弟会饿死师傅。

第十三条，经理赶走下属业务员，自己收留重点大客户。有些销售部门的经理只要发现下属业务员开发了一两个重点大客户，就开始想方设法把这个业务员赶走。业务员离职后，他原来开发的重点大客户一般就归经理了。表面看是经理没有职业操守，实际上还是薪酬制度有漏洞。

第十四条，销售业务员的收入比部门经理高。销售业务员负责片区市场的时候，一年收入在40万元左右，公司提拔他做部门经理后，每个月底薪1.5万元，年底再加一些奖金，一年的收入总共也就20多万元。业务高手的收入明显高过经理，自然没有人愿意当团队经理。

第十五条，高层和骨干留不住，销售队伍不稳定。凡是能做业务的、能力很强的骨干销售，一般都能抓住一些重点大客户，如果企业的绩效薪酬制度不能很好地激励他们，他们就会选择"跳槽"。

第十六条，对业务高手的薪酬安排不合理，业务高手离职时带走重点大客户和后续业务。如果他们联合起来共同创业的话，那马上就会成为公司的竞争对手。

二、打造有机的活性组织

企业该如何避免上述常见的陷阱呢？笔者的建议是打造有机的活性组织。

什么叫无机组织？企业对销售人员没有具体的工作要求，没有绩效考核和追踪检查，主要靠员工的自觉性，销售人员缺少危机感和积极性，这样的营销组织就是无机组织。

什么叫有机的活性组织？有机的活性组织类似于家里养的盆景，它们在不断地生长，是具有生命力的。就像我们平常喝的茶叶，有些是无机的，放久了就不好喝了，但也有活性的、有机的茶，比如普洱茶里面有酵母菌、黑曲霉等成分，采摘后还会继续发酵，保持活性。

常见的营销组织绝大部分是无机组织。这类营销团队像一潭死水，老业务员吃老本，新业务员缺少战斗力。在薪酬分配方面，没有团队管理奖，没有教练奖，没有增员（招募员工）奖，总监和高管的薪酬分配也不专业，薪酬制度缺少激励性，没有风险机制，没有目标成绩和相应奖罚机制等。这样的无机组织必然不可能创造出良好的业绩。打造有机的活性组织是企业提高绩效的重要途径，而科学合理的薪酬制度则是打造活性组织的根本保障。

三、巧用菲尔德薪酬法

在实践中，大部分活性组织都用菲尔德薪酬法来设计薪酬，其中有两个非常典型：一个是传销（包括合法的多层次直销和非法的老鼠会），另一个就是保险公司的个人营销。

当传销组织不断扩大、不断裂变时，其业务人员、销售人员从哪里来？传销组织中有没有人事部？打不打招聘广告？签不签劳动合同？都没有，新成员都是老业务员主动招来的。保险公司也采用类似的组织和分配模式，一个业务员能招来多少新成员，公司就让他管理和领导多少人，而且可以从新成员的业绩中提成。

由以上例子中可以看出，运用菲尔德薪酬法设计营销人员的薪酬体系，就是要让业务员的绩效薪酬与他招来的下级的业绩直接挂钩。这样既可以激励业务员去主动招募新成员，也能解决老人不愿带新人的难题。采用这类薪酬体系的公司，其团队战斗力通常比较强大。

第二节　如何确定营销人员的绩效工资

营销人员的绩效工资应该如何确定？主要与哪些因素相关？

第六章 巧妙设计营销人员薪酬制度

一、如何确定营销人员的绩效工资系数

一般可以通过六种方案确定营销人员的绩效工资系数。

第一，绩效工资系数与销售目标的达成率相关。目标达成率越高，绩效工资系数越高。

第二，绩效工资系数与销售回款比例有关。只将实际销售回款视为销售业绩，订单合同的销售额和发货量（未回款）都不算有效销售业绩。

第三，绩效工资系数与实际回款比例和目标达成比例两个因素有关。就是把销售目标达成情况与销售回款比例做一个叠加，同时考量两个因素。

第四，绩效工资系数与回款比例乘以目标达成比例相关。用乘法将两个因素关联比用加法关联更能体现激励性和残酷性，同时也能拉开收入差距。

第五，绩效工资系数与销售回款比例和综合管理指标相关。把销售回款比例与内部销售管理流程和客户服务品质等综合指标进行叠加，体现出企业除了注重销售回款外，还比较注重综合管理、客户服务品质管理等。

第六，绩效工资系数与销售回款比例和综合管理指标的乘积相关。乘法的效应远远大于加法，往往是放大了协同的效应，明显暴露了表面业绩繁荣，其实有内部管理薄弱和客户满意度不足的隐患。企业要想稳健、持续地发展，就需要可持续的发展力，建立核心竞争力。

二、营销人员的绩效工资与哪些因素相关

以上六种方案显然有优有劣，如果销售人员的绩效工资系数只与目标达成率或者回款比例相关，显然是不够的，最好将两者乘起来。如果能够升级的话，还要考虑目标达成率、综合管理配合度等指标。

销售人员不仅要开发客户、创造销售业绩，还需要配合公司的政策，做好售后服务，对新人团队进行帮扶、带教，包括客户档案资料、工作目标计划、信息资料的配合、填写和下一步行动方案，这些都是必须要考核的。

此外，营销人员的绩效工资还应与报价紧密相连，因为报价直接影响公司的利润，如果营销人员明显报低价或者报高价，公司应该怎么办呢？如果报价太低，公司利润微薄；如果报高价，公司能赚钱，销售人员的提成比例并没有提高，所以很多营销人员不愿报高价。企业在薪酬设计方面应考虑这一因素，高价成交的业务，超出标准价格的那部分，企业可以给营销人员一个提成奖励，例如奖励30%~60%。如果成交价格低于一定的程度，那营销人员的业务提成就要打折，甚至没有。这样一来，营销人员会在利益驱使下避免报低价，公司的利益自然会得到保障。

通常营销人员的绩效工资收入＝固定工资＋业绩提成，但我们往往需要解决以下问题：业务高手或销售骨干的绩效工资该怎么算；业务员报低价和报高价时，提成该怎么区分；如何让销售业务人员配合公司的管理。

笔者建议增加一个管理型绩效工资，可以将业绩奖金调整

为：销售业绩 × 提成比例 × 日常管理系数；（固定工资 + 业绩提成）× 日常管理系数。用日常管理系数考核营销业务人员对公司综合管理的配合情况，可能对销售人员的激励效果更好，这样才有可能培养出虎狼之师。

第三节　营销人员薪酬中的"十大分开"

企业设计营销人员薪酬制度需要注意一些关键点，笔者将其概括为"十大分开"。

一、销售开发部和客户服务部分开

很多公司只有销售部、市场部，却没有单独设立客户服务部，甚至没有客服代表，这种设置肯定不科学。销售开发部专门负责市场开发，即开疆拓土、上前线打仗，客户服务部负责后勤支持，运输弹药、粮草等，维护、管理和运营前线战士打下来的地盘。光有军事干部打仗不行，还要有人做运营管理。俗话说：打江山容易，守江山难。所以，企业除了需要销售部门开发客户，还需要有客户服务部门维护客户，两者应该分开设立。

二、销售开发岗位与客户服务岗位分开

如果企业暂时还不能把销售开发和客户服务两个部门分开的

话，笔者建议把这两个岗位先分开，在同一个分公司或办事处进行岗位分工，让营销经理管开发，客户经理管维护。

例如《西游记》中孙悟空和沙和尚的职能划分很清晰。孙悟空的主要工作是打妖怪和开路，而沙和尚负责看护行李和照顾唐僧的饮食起居。现在有些公司把业务员变成了孙悟空和沙和尚的混合体，既让业务员去开发客户（打妖怪），回来还要看护行李、照看师傅、搞后勤。每个人的时间和精力是有限的，兼任太多职责必然分身乏术。此时必须进行岗位分工，可以让销售开发岗位的人员专门去开辟新的市场，让客户服务岗的人员专门做维护和运营工作。岗位职责清晰，既便于考核，也便于计算绩效奖励，自然可以更有针对性地激发员工的工作积极性。

三、老客户和新客户分开

老客户就须要维护，建立好良好的客户关系，挖掘客户的终身价值。新客户指全新开发的，第一次成交的客户。有研究发现，同样的收益，开发新客户的成本是维护老客户成本的3~5倍。开发新客户的成本高，攻城很难，那开发新客户的提成就须要适当提高，新客户的首单提成要加倍。有的企业管理者反对给加倍提成，觉得这样分配公司都没有利润了。其实企业把第一年新客户的毛利全部拿出来开发新市场，把客户维护好，培养成铁杆"粉丝"，何愁没有钱赚呢？

就像人寿保险公司一样，做一张长期的保单，分10年或20年缴费，公司把第一年和第二年的主要利润分给业务员（保险代理人），那保险公司主要赚什么？赚后面的期缴。后面的期缴（3年或5年以后）跟开发的业务员就没有太大关系了。这样开发业务员就很有积极性，因为他做一个保单提成很高。假如完成1万业绩，他有可能会拿到20%~30%的提成，可想而知他的积极性有多高！第二年还可能会有1000元的提成（续年奖金），你看他有没有积极性去维护客户，但是，3年或5年以后这个保单就跟开发业务员没有关系了。假如这个客人每年交1万元保费，公司可能让业务员拿了3年（或5年）提成，第一年30%，第二年可能有8%~10%，第三年可能是2%（第四、第五年就更少，0.5%~1%）。拿完3年（5年）的提成以后，从第四年（或第六年）开始收益就全部归公司了。所以，这种重复购买，有后续收益的业务，企业一定要舍得把前期的毛利润拿出来开发新市场，大大地激励业务人员，鼓励和刺激他们多做业务。

四、老市场区域和新市场区域分开

这就回到我们前面谈过的话题。假如A老区域市场有4000万元存量业绩，属于成熟的区域市场，另一个B新区域市场是只有200万元业绩，甚至几乎为零的空白市场，这两种区域市场的目标任务和奖励政策能不能一样？当然不能，最好把它们分开，不同程度的市场有不同的策略和机制。

针对新区域市场，企业可以设立一个保护期，按照一定的时间设计薪酬，而不是完全按照业绩销售量设计薪酬。企业派张三去开发这个新的区域市场，就需要设定保护期，例如保护一年或者保护两年，在两年之内企业保证张三原来的薪酬收入。当然，我们需要重点观察两年内新市场的成长速度，即增量的比例。

例如企业把广东的区域经理张经理（年收入40万元）调去开发山东市场。开发山东市场的过程中，要保证张经理在前两年内，每年的总收入不低于40万元，让他放心去开发山东市场。从第三年开始，张经理的收入主要跟山东市场挂钩（情况特殊时还可以再补贴一年），原来广东区域市场的业务，现在交给新的区域经理陈经理（张经理培养的后备经理），公司给张经理留一部分（提成部分的20%~40%）的存量业务奖励。如果张经理把这一块老市场交给一个新人，目前是4000万年销售额，张经理培养了一个徒弟接手，这个徒弟从第三年开始针对存量业务这一块只拿60%~80%的提成奖励，张经理仍然拿20%~40%的提成奖励（不同时间阶段可能会有所调整），请问这个徒弟陈经理愿不愿意？当然愿意。

因为陈经理晋升为区域经理，接手了张经理4000万元的区域盘子，在4000万元的基础上新增加的部分都是陈经理自己的，4000万元之内的存量业务是与张经理相关的，陈经理只能拿存量业务提成的60%~80%，即24~32万元，其余8~16万元一直是归张经理的。只要每年业绩不掉到4000万元以下，张经理至少会有8万奖金。徒弟当然会比较愿意，接手一个4000万元年业绩的现成盘子，维护是相对比较容易的。从第三年开始张经理的主要收入就跟山东新增的业绩提成挂钩，再加广东的4000万元存量业绩，而且每年至少有8万元收入，张经理愿不愿意签？应该也是愿意的，因为对老的区域市场有补偿机制。

如果开发完广东市场，又被调去开发山东市场，山东市场又被张经理做到 4000 万元的年业绩，请问张经理是否愿意去开发湖北市场？如果张经理开发一个市场能达到 4000 万元业绩，他个人就有 8 万元的年收入。只要不离开公司，张经理在每个区域每年都有 8 万元收入。如果开发 3 个区域，那每年就有 24 万元的额外收入。

在课堂上，曾经有一个资深区域经理举着手问："老师，照您这样说，如果我在全国打下 5 个省区，每个省区如果都能够有 8 万元业绩收入的话，我不是就可以退休了吗？"我说："对啊！应该可以。你为企业开发市场，争取业务，做出巨大贡献，企业自然应当让你分享企业的红利。"

职场中那些有能力的悟空，各个热血沸腾、跃跃欲试。如果一个公司有 100 个悟空，天天在外面给公司"打妖怪"（开发市场、开展业务），那打下来的可能就不只是中国市场了，可能明天要去非洲，后天要去南美洲了。那公司的市场自然越来越广，业绩越来越高。

企业实现跨越式发展的关键是什么？关键就是：利益分配方式符合人性，富有激励性，能够引导业务骨干多出业绩、多得奖励。

五、老产品和新产品分开

不同产品的利润和盈利能力是不同的。市场环境在变化，客户需求在变化，产品的生命周期也会有所不同。老的成熟产品与新上市推广的产品在各方面的支持条件和奖励政策当然也应该有所不同，需要做明确的区分。老产品消费者已经熟悉了，不需要花太大的力气去宣传推广；但新产品就不行，市场上的消费者对它感觉不熟悉，甚至很陌生，所以需要加大对新产品的宣传力度，加大对业务人员的刺激度（奖励力度）。

六、高利润产品和低利润产品分开

因为不同产品的利润不同，所以就需要把高利润产品和低利润产品进行区分，采取不同的奖励政策。一般而言，高利润产品的提成相对高一些，低利润产品的提成就相对低，甚至有些亏本的引流产品、免费产品就完全没有奖励提成。例如，开杂货铺、小卖部的卖啤酒可能就没有什么利润，但是啤酒必须要卖，开杂货铺哪能不卖啤酒呢？如果不卖啤酒，怎么会有顾客来呢？这个属于引流的产品，另外还有主要的利润产品和高利润、高附加值产品。所以，高利润产品和低利润产品必须区分开。

七、存量业务和增量业务分开

在上一个案例中，原来老区域市场的业务是4000万元，已经达到的就是存量业务，需要与老的区域经理适当挂钩。该区域在原来的基础上新开发的、新增长的业绩部分就是增量业务，存量业务和增量业务的提成比例是不同的，应该把这两类业绩的奖励政策区分开。

八、首年业务与次年业务及标准业务分开

第一年业务就是首年业务，需要重点刺激，加大奖励，加大攻城略地的武器装备和粮草供应，集中火力开发新业务。企业可以给业务员在原来的基础上增加3~4倍的绩效奖励。例如，原来的提成都是销售业绩的1%，现在可以把4年及以后的业绩提成从1%降到0.5%（甚至0.3%），这就是标准业务、正常业绩，然后把第一年的业绩提成增加，涨到3~4倍，例如原来第一年的提成比例是1%，现在第一年就是3%~4%；第二年是2%；第三年是1%；第三或第四年及以后的业绩的提成比例都是0.5%，老板愿不愿意？有人愿意，有人不愿意。很多老板在董事会讨论时有争执，甚至吵架，不愿意。他为什么不愿意呢？因为企业只有1%的业绩提成预算，现在都给了业务员，企业就没有利润了，第二年业务员又拿2%的提成，可能第三年还要分1%的提成，这样总共就是6~7个点，公司就没钱赚了。

我们一起来算算账。假如小王新开发了100万元的业务（每年都能够维持住），他从第三年以后拿多少提成？0.5%甚至0.3%，如果他拿0.5%的话，公司是不是多出来0.5%？100万元业绩多出来0.5%，而且逐年增加，按照6~10年计算，后面拿出0.5%的这一块（而且每年业绩会增长）能不能去补贴前面的6%呢？

按照10年计算，业务员每年的提成比例是1%，100万元业绩，10年的总业绩是1000万元，老算法的提成奖励是10万元。看看新算法：第一年提成比例是4%，4万元；第二年提成比例是

2%，2万元；第三年到第十年提成比例都是0.5%，8年就是4万元，10年一共是10万元。两种算法下业务员的奖励总数持平。假设后续业务员每年拿0.3%的提成呢？就会有不少盈余。如果这个客户能够再维护下去，后续每年都将节约0.5%~0.7%的奖励提成，10年就是5%~7%，可以把这些费用补贴到新市场的开发上去，调动业务人员开发新市场的积极性。

企业在设计营销人员的薪酬制度时，要用长远的眼光看问题，后面几年的利润完全能够补贴前面开发的成本费用，再加上公司的存量业务，维护成本不高，而且如果不这么分配，新业务增长的速度就慢了，业务员也没有积极性去开发新业务，那就可能会整天混日子，吃老本。假如业务员原来做1000万元的业务，那就会永远停留在这个水平，只要能够维护好客户，保证业绩不下滑已经很不容易了，哪儿还有人愿意去开发新客户，反正收入也不少。

其实，每个区域市场如果只是想维持现状，其结果就可能是业绩逐年降低，因为老客户会不断流失。业务人员的营销开发工作如逆水行舟，不进则退。如果只想维持原状就会工作懈怠，不能对客户提供周到的服务、增进关系，市场可能就会不断萎缩，业务员就可能会不断退步，业绩下滑。

所以，公司可以针对第一年的首单加大奖励力度。假如原来的提成比例是1%，第一年首单提成就可以增加到3%或4%，第二年续单提成比例为2%，第三年续单提成可以给1%，第四年之后的提成就只有0.3%~0.5%。业务人员掐指一算，4年以后的业绩可以作为基本工资，多开发新客户可以多赚奖金，4年以后多少还有一些收入。业务人员的小九九就是，现在的新业务3年内有 7 个点的提成（原来 3 年只有 3 个点），比原来多了 4 个点，请问业务员要不要多开发新客户？答案显而易见。

其实，业务员自己心里也会想，给了我 7% 的提成，公司还有钱赚吗？董事长拍着胸脯告诉业务员："兄弟们，你们做的这个新业务，头两年我一分钱都不赚，所有的利润都给你们了。"业务员积极性大增，更加愿意冲锋陷阵，争创佳绩。

我们辅导的几家公司曾经实行过这样的薪酬政策，结果是每年销售业绩增长达到了翻倍的程度。原来 5000 万元的业绩，没几年就涨到 5 亿元。老板激动地握着我的手说："你看看，我现在每年销售额可达到 5 亿元，原来只有 5000 万元。"其实，从老板的角度来算账，按照 5 亿元的销售额计算利润如何呢？多出来 4 亿多，如果业绩提成是 1% 的话，业务人员要拿多少提成？现在全部只有 0.3%~0.5%，从第三年、第四年开始就变成存量业务，企业到底合算不合算？所以身为企业董事长，切勿跟业务员算眼前的利益，以免鼠目寸光，丢了长远利益。

九、自开区域和接手区域分开

什么叫自开区域？企业的业务员自己开发的山东区域（假如一年有 200 万元业绩）就是自开区域。在山东区域原来 200 万元业绩的基础上往上做，这才叫新开发的增量业务。公司把 4000 万元市场区域交给某个业务员，这个区域就叫接手区域。我们去摘别人已经长熟的桃子，那收入肯定要打折。如果原来提成是 1 个点，4000 万元存量业绩交给一个业务员维护，可能业务提成会大大降低。因为自开区域和接手区域，其背后需要业务员付出的精力大不相同，奖励政策自然不一样。

十、自有的业绩和教导的业绩分开

制定营销人员的薪酬制度时，还必须把业务人员自有的业绩和教导的业绩分开。因为这两者既有区别，但也有一定的关联。

我们重点谈谈教导业绩的提成。在有些企业，新员工入职后大部分老员工都不愿意带，为什么呢？因为这个新员工的业绩跟老员工没有利益关系，老员工当然就没有积极性带新人。

我们经过多年的总结和实践，研究出一套新的高手捆绑政策，可以有效解决以老带新的辅导难题。

具体操作如下：假设该徒弟在某个区域市场每个月只能做到10万元营业额，假设他的业绩提成是1%，他的提成奖金大概就是1000元。现在经过高手师傅的指导，可以把每月业绩提升到20万元；如果师傅倾囊相授、手把手地教，完全有可能让以后每个月的业绩再提高一些。

假如业绩翻一倍，徒弟能多领多少奖金呢？一个月可增加1000元，在徒弟新增加的1000元奖励里面，70%徒弟拿，30%师傅拿。徒弟原来每月10万元存量业绩的1000元提成跟师傅没有关系，是徒弟自己做的。师傅只是帮他完成增量业绩，把增量业绩提成奖金的30%给师傅，徒弟愿意吗？通常一定是愿意的。

以上部分就是营销人员薪酬设计的"十大分开"。

第七章

如何优化薪酬体系

第一节 如何解决营销人员薪酬体系不匹配问题

一、薪酬分配是大部分企业的老大难问题

薪酬分配问题是大部分企业中比较常见的问题,很多企业管理者可能知道问题出在哪里,员工也在暗地里抱怨。负责企业经营管理的高层、企业家似乎不太愿意面对这个现实,也不太清楚具体应该如何去解决,不知道该采取哪些有效的措施。于是也就听之任之,得过且过了。

殊不知,提升薪酬体系的竞争力可以建立企业的薪酬优势,从而提升企业人才策略的优势,这是企业未来持续发展的不二法门。很可惜,大部分企业存在薪酬不匹配的问题,即企业的薪酬和绩效体系与企业发展战略目标不匹配,阻碍了企业的发展。就像 12 岁的小孩还穿着 8 岁时的衣服,袖子短了、裤子短了、鞋子也穿不进去。有些企业管理者对此手足无措,有的甚至想通过

给所有员工加薪来解决问题，结果往往事与愿违。

企业经营管理的最终目标就要妥善两件事：赚钱和分钱。很多企业和企业家在赚钱方面很有天赋，但一到分钱的时候就踌躇不前了。利润分配必然涉及薪酬分配和绩效考核的问题，绩效考核可以评价岗位或员工创造的价值。如果绩效考核不科学、不公正，薪酬分配的依据则不足，就会引起诸多纷争。

很多企业在薪酬体系方面存在着六个"不"：不公平、不公正、不公开、不合理、不科学、员工不想干。还有些企业让员工吃"大锅饭"，导致有能力的人没有积极性，没能力的人懒散、怠惰但收入却一分不少。还有些企业实行薪酬保密制度，但这无异于自欺欺人。前一天晚上公司发完年终红包，第二天一大早全公司都知道谁拿得多、谁拿得少，管理层为了防止引起矛盾冲突而实行保密制度，事实上，这也是在不断地制造矛盾。可见，薪酬体系与企业发展目标不匹配的现象很普遍。

在"三个和尚"的故事中，一个和尚挑水吃，两个和尚抬水吃，三个和尚没水吃。很多人一起做事的时候，如果不能为了达到某个目标而精诚合作，结果大多都是相互推诿，这也是人性使然。计划经济时代，"平均主义"的分配方式导致的低绩效和低效率现象也充分证明了这一点。但至今仍有一些企业被困在其中，实在不应该。有些企业的技术骨干、营销骨干掌握着大客户资源，明显能够给企业做出重大贡献，但是企业的薪酬体系决定了他们的收入并没有比别人高出多少。企业高层管理者也没有及时地跟他们沟通，又不能帮他们做职业生涯规划，结果导致他们纷纷"跳槽"或者出去创业。其中有些创业很成功，这对于原来的企业和老板而言，无疑是巨大的损失。

二、如何解决"销售人员躺着吃老本"的问题

在一些经营时间较长的公司，常常会出现"销售人员躺着吃老本"的现象，为什么会这样？因为公司没有针对已有的存量业务降低提成奖励。例如公司在某一片区市场原有的业务规模是4000万，这就是老的存量业务，公司可以把这部分业务的提成比例降到0.5%（假设非存量业务的提成比例为1%）。这样一来，销售业务人员的业务提成就减少了一半，他们就需要继续在4000万的基础上开发新业务，即增量业务。公司可将增量业务首年提成比例定为4%，第二年定为2%，第三年定为1%，第四年定为0.5%。公司实施了新政策以后，销售业务人员不但不可能躺着吃老本，反而会刺激他们去大力开发新业务，因为开发新业务的报酬非常丰厚。需要注意的是，企业做这种薪酬政策调整必须要有一两年的过渡期，让营销业务人员有一个适应期，以免引起业务骨干流失。

例如开发新市场的第一年，如果营销人员的业绩提成等年总收入没有达到过去的40万元，公司可补齐空缺部分。第二年公司再保护营销人员一年，或者补齐40万元年收入，也可以在第二年按照90%的标准补，即补齐36万元年收入。从第三年开始，企业就要按照新的薪酬政策来给营销人员计算薪酬了。有了这样一个缓冲期，员工可以在保证收入的情况下安心开发新业务，等缓冲期结束后，新的市场片区已经发展起来了。这样既保证了员

工的收入和营销业务团队的稳定发展,同时也激发营销人员大力开发新业务,最终公司可以获得更好的效益。

三、用专职客服人员维护市场

发生"销售人员躺着吃老本"的情况后,公司除了降低存量业务的提成比例并设置适当的保护期之外,还可以成立客户服务部,把开发市场和维护市场的职责分开,让开发型销售业务人员有更多时间去攻城略地、开发新客户。如果让专业的客户服务人员去维护4000万的市场盘子,他们可以拿多少提成?客户服务部应该是拿高工资,但没有业务提成。因为这个市场区域属于公司,并不是客户服务人员开发的,可以给他们高于平均水准的月工资(区域内相对比较高的工资,例如8000元,根据不同区域的薪资水准而动态调整),再给0.1%的服务业绩奖金,即维持4000万业绩可得到4万元奖金,一年的总收入大约为14万。如果客户服务人员在4000万的基础上新开发了业务,公司必须给他们1%~2%的增量业务奖励,以鼓励其开发新业务的积极性。

这样一来,该市场片区4000万的存量业务得到了维持,同时业务提成大大降低,有利于公司节约成本。就像把本领高超的孙悟空都派出去开发新市场,等新开发的市场成熟之后,再用客户服务部去维护和巩固市场,这样公司就会越做越大、区域市场越来越大,公司的客户服务部也会越来越强,最终公司的利润必然会越来越多。

第七章　如何优化薪酬体系

如果营销人员薪酬体系不能与企业发展目标和策略相互匹配，销售骨干可能就会纷纷离职。如果业务骨干都跑了，什么样的人会留下来跟着老板呢？很可能就是那些业务能力欠缺的平庸之才。人才是企业发展的核心推动力，没有强劲的业务团队，企业怎么可能会顺利发展！由此可见，营销人员薪酬体系与企业发展目标和战略相匹配，是解决企业薪酬分配问题的关键，企业必须慎重地根据自身发展情况确定科学合理的营销人员薪酬体系。

第二节　如何解决薪酬管理中的关键问题

企业管理者该如何解决薪酬管理中的关键问题？

一、明确企业薪酬导向

企业管理者首先要不断自问：企业的薪酬导向和价值观到底是什么？企业以薪酬文化四大导向中的哪一个导向为主导？

薪酬文化的四大导向是：①市场导向，②绩效导向，③岗位导向，④能力导向。一般而言，市场导向实际上对应的是谈判制工资，以外部市场的薪资水平为主导，别的企业给某类人才多少薪酬，本企业也参照市场标准给多少，否则就无法吸引优秀人才。绩效导向以业绩和贡献为考核的主要指标。能力导向以员工的综合素质和工作技能为主导，要求员工不断提升工作能力、综合素质和学习技能。岗位导向下不同工作岗位的薪酬待遇不一样，薪酬待遇视岗位情况而定。

企业的薪酬导向不同，在发展过程中形成的薪酬文化和企业文化也不同，从而决定了企业能够吸来的人才也不一样。例如日本企业普遍采用终生雇用制，员工崇尚慢慢升级、爬阶梯的发展思路。欧美企业喜欢以市场竞争为导向，鼓励流动和竞争，员工更加重视个人竞争实力的提升。我国企业的文化差别较大，有些企业推崇平均主义，吸引了一批兢兢业业、每天自愿加班加点的员工，同时也混进来一些懒散、混日子的人。有些行业和企业特别讲求技术创新和效率，因而也吸引了一批技术能力强、工作效率高的优秀员工。

无论企业采取何种发展战略，都必须有科学的薪酬体系来匹配，而明确薪酬导向是构建科学薪酬体系的第一步。

二、明确企业短期的薪酬战略和计划

企业管理者需要明确：企业短期的薪酬战略和计划是什么，企业的人才策略是什么，目前的薪酬制度会不会引发严重问题。假如企业员工更关心自己的职级却忽略了贡献和价值，千方百计钻空子、争职位，此时人性化管理就可能会逐步演变成人情化管理。

在企业管理中，一讲人性化管理、以人为本，很容易会被误解为讲人情和关系。所以企业到底是按照岗位、能力素质、绩效付酬，还是按照市场的供需关系付酬，往往会影响和决定企业的价值导向。

三、破除薪酬分配不公平问题

企业管理者必须避开最常见的薪酬分配陷阱，着力解决薪酬分配不公和激励性不足的问题。

在企业里中，一旦人性化管理演化成人情化管理，通常就会出现一个潜规则，即能干活的比不过能搞关系的，"关系文化"和"马屁文化"盛行。这极不利于企业的长远发展。

笔者曾经去一家企业做辅导顾问，晚上6点多了，办公室里灯火通明，员工们都不下班。笔者大为感动，就问："你们都在加班吗？""对，在加班。"笔者凑近某一个职员的电脑一看，发现他在电脑上斗地主，便悄悄地问他："兄弟，你明显没有在加班做事，上网玩游戏可以回家玩呀，为什么在这里加班玩？""小声点！""怎么了？""董事长的办公室在最里面，他今天就在办公室，董事长还没有走，我们怎么能走呢？"原来他们都在装样子给董事长看，8点左右，董事长过来看见个个都在加班，十分高兴，因为本公司加班是不用付加班工资的。"大家辛苦了，早点回去啊！"董事长前脚刚走，5分钟不到大家伙全都撤了，真正下班了。

我们可以猜猜这家公司的企业文化是什么、什么人容易被上级提拔、公司的薪酬潜规则是什么。在公司内部搞表面文章、形式主义，做老板喜欢看的，说老板喜欢听的，一切唯老板马首是瞻，老板知道这些情况吗？不知道！笔者无意中把这个事情告诉老板，结果他勃然大怒。

其实，类似这样欺上瞒下、形式主义和做表面文章的现象很普遍。那为什么会发生这样的现象呢？这跟企业老板的喜好有没有关系？实践证明，一个企业中流行做表面文章、搞关系、拍马屁的潜规则，扭曲的企业文化阴魂不散，必然会导致正气压不倒邪气，长此以往，肯定不利企业的发展。所以，企业老板、高级管理者必须注重薪酬分配的公平性，给业绩突出、贡献巨大的员工优厚的薪酬待遇，让企业薪酬分配更具公平性、激励性。

四、一切薪酬皆有依据

大多数企业的薪酬体系需要进行改革，改革的目标是让一切薪酬皆有依据。

为什么有的企业会实行薪酬保密制度？就是因为企业的薪酬分配没有充分的依据。如果企业在薪酬分配方面不能让员工和干部口服心服，就只好私下发红包、薪酬保密。企业想要做到薪酬透明，就必须加强绩效考核，明确薪酬分配依据。

企业加薪和减薪的依据是什么、标准是什么？有没有与薪酬相关的制度和规则？有没有严格按照企业的规章制度落实薪酬分配？这些都是企业薪酬管理者必须认真考虑的问题。

令人惋惜的是，大部分企业在薪酬分配和奖惩方面严重缺乏依据。这也是我们反复提倡企业加强即时管理、即时反馈、即时奖罚、即时清理、即时纠偏的即时管理策略的原因。

很多企业提倡结果主义，但这种片面强调结果、忽视过程的做法是有失偏颇的。如果只看重结果、不关注过程，只做结果管理，不做现场管理、过程管理和即时管理，那这个结果还可靠吗？企业管理不能走向结果管理、绩效管理的误区，只重视最后的结果不重视过程。笔者建议，企业管理应该做到：月月有计划、天天有目标、周周有检讨、时时有反馈。如果周计划能顺利完成，月计划也没问题，年计划自然不在话下。

第三节　如何与员工进行薪酬沟通

一、缺少绩效薪酬沟通是普遍现象

大部分企业在薪酬和绩效方面存在着一个普遍的问题，就是没有与员工进行薪酬和绩效沟通。有些企业的员工反映，他们想查询自己的绩效考核结果都无法查询到，也没有合适的渠道可以查询。

企业在做薪酬调整和研究薪酬制度时，如果没有与员工和干部进行彻底、充分的沟通，就容易导致大家对新的薪酬政策有所怀疑或有所抵触，常常会误以为老板又轻信顾问老师的建议，想方设法地变相克扣他们的工资。有这类想法的员工比较多，这也导致不少企业的薪酬绩效改革根本无法推行下去，不仅引起了员工很多不必要的误会，更没有起到调动员工积极性的作用。遇到抵触，只能重新回到老路上去，继续吃平均主义的大锅饭。这对企业而言无疑是劳民伤财。

二、如何达到薪酬沟通的最佳效果

企业高管在拟定和修订企业薪酬制度之前，需要先跟员工和干部沟通一下，让大家有个思想准备，提出自己的意见，理解薪酬绩效改革的目标和意义。甚至还要针对一些核心员工，例如中高层干部进行私下谈话交流、征求意见，有一些重要消息也可以有意无意地向某些特殊员工放一点风。巧妙运用非正式群体的传播渠道，例如小道消息等，可以达到正式通知无法达到的沟通效果。

对于各部门薪酬政策的具体细节，部门领导需要召开多次充分的讨论会。员工有什么意见、想法和建议，都可以提出来，部门领导要做好详细的会议记录，最后汇总员工讨论的结果。部门召开的员工讨论会，需要注意一个基本的议事规则，就是提出问题、发现缺陷和不足后，应该提出解决方案和建议，而且最好有三个可选择的解决方案，不能只提问题、不提建议，避免把讨论会演变成牢骚会和抱怨会。如果有员工发现了公司薪酬的不合理之处，就要求他说出具体的问题和细节，并提出纠正或者改进的措施。所以，员工进行会议讨论时，不能只做批评者，而应该做建议者，集思广益，最终找到真正的合理化建议。

企业修订薪酬绩效制度以后，一定要进行全员沟通，举行一个正式的发布仪式。公司可以举办小规模或大规模的全员会议，详细解释和解读新政策、新规定，说明薪酬是怎么确定的，依据是什么，是否公平合理。然后不断地给员工和干部们进行答疑、分析和指导，明确告诉他们在新的薪酬政策下，怎样才能拿到高收入和迅速晋升。从而引导他们充分认识和理解薪酬制度，进而做出更多正向行为，提高收入，避免负面抵触行为，积极为企业发展和个人成长努力工作。

三、薪酬制度应该让哪些员工满意

企业在修订薪酬分配和绩效考核制度时，如果与员工进行过充分的讨论和沟通，员工一般不太会强烈反对和抵触。因为他们参与讨论并发表了意见，在薪酬制度改革的后期执行中配合程度自然也会比较高。

虽然任何一种薪酬制度都不能让百分之百的人满意，但经过充分讨论的酬制度应该能够让核心员工和大部分员工基本满意，保证50%~60%的员工能够接受。

薪酬分配制度首先需要照顾和满足核心骨干员工，因为他们才是企业发展的中流砥柱，企业需要确保他们不离职且积极努力地为企业做贡献。至于基层员工、可替代性强的员工离职，只要比例不高（年流失率不大于30%），基本是正常的人员流动，对企业的影响不大。铁打的营盘流水的兵，只要企业的大本营不动，只要骨干和干部队伍不动，基层员工走一些没有太大关系。

但如果基层员工年离职率超过40%，那就要引起警惕了。

虽然骨干人员和干部队伍稳定，但是没有基层人员干活也不行，企业就须要以尽量低的成本把他们留住，不能让他们轻易离职。

四、薪酬沟通的有效方式

企业管理者与员工进行薪酬沟通，具体应该采取哪些策略？

首先，需要与员工做书面沟通。管理者应该事先做好关于绩效薪酬制度的两套书面文本，即除了做一个规范的专业档案文本（专业术语比较多）之外，还要做一套图文并茂的通俗文本。就像华为的基本法一样，其涉及薪酬、分红、分配、晋级等很多方面，术语众多，非专业人员不容易读懂。另一个版本却通俗易懂，类似于漫画绘本，员工按照什么样的标准、做到什么程度就可以加薪晋级，怎样做会减薪降级，通俗版本可以让普通员工一看就懂，理解得清清楚楚。

其次，还需要做面谈、讨论、讲座和培训，可以是一对多或者一对一的交流面谈和反馈。尤其是被降薪的员工，一定要给他们打好预防针，做好思想工作，要明确告诉他们犯了什么错误或者哪些工作还没有达标，绩效考核中有哪些方面不合格、表现不好、被投诉等，所以在本部门考核中排到末尾。如果员工不接受，可以调换岗位或者主动提出辞职；如果员工能接受，则给他一定的机会改进。若有员工被降薪降级了，一定要做好情绪安抚和交流沟通工作，最好能够让他口服心服，知错就改。企业不能武断或任意地做薪酬改革，以免引起员工的强烈不满，进而发生一些组织群体事件，这样不仅不能达到薪酬改革的目标，反而会影响企业声誉和长远发展。

五、薪酬沟通的要点

企业管理者与员工做薪酬沟通时，需要掌握以下三点。

第一，通过与员工进行薪酬沟通，明确公司的价值取向和薪酬标准。假如公司以能力和素质为标准，给张三加工资了，是因为张三最近通过自学考试拿到了一个本科（或硕士）文凭，李四虽然资历与张三相同，但他还是个大专学历，所以没有给他加工资，这是薪酬制度的规定。这样一来，有些员工就会积极进取，不断提高个人能力。

第二，明确公司的薪酬战略和人才战略。公司的薪酬制度对于人才而言，是吸引、保留，还是激励？企业更侧重于内部公平还是外部公平？企业的薪酬标准是怎么得出来的？企业付薪的主要依据和要素是什么？依据岗位、能力、绩效，还是依据市场？要让员工清楚这些基本点，因为这些决定了公司需要从外部和其他企业引进什么样的人才，公司能够吸引什么样的人才，公司可能要裁去什么样的人才。

第三，让员工评估自己能不能适应公司未来的发展要求。在薪酬沟通中，管理者需要与员工沟通当地人才供需状况，公司和行业发展的前景等，引导员工评估个人的发展目标与公司的发展目标是否一致。

六、薪酬沟通的误区

有很多管理者在跟员工做薪酬沟通时存在一些误区和问题。

第一，没有关于薪酬分配和绩效考核的详细具体的书面材料，仅限于口头的解释。

第二，只讲公司的规定，比较强势和粗暴，没有谈员工未来的职业生涯和发展规划。

第三，沟通谈话就是寒暄一下，讲一些走过场的客套话。

第四，没有让高层领导或多个领导与员工进行沟通，只是主管与员工单独谈，谈完了也没有人知道。这个时候，如果主管、部门经理，甚至是高管一起与员工沟通，可能效果会更大、更好。尤其是总裁、老板等在场时，员工反馈的很多问题可能当时就能得到解决，省得一层一层地向上汇报，这样的集体沟通省时且高效。

第五，在沟通过程中，员工只是个听众，主管、经理等在主导讲话，单向灌输。在这样的情况下，员工可能没有机会发表自己的意见和看法，只能被动服从，根本不可能达到薪酬沟通的目的。

第四节　员工对薪酬不满意的原因

笔者调查统计了员工对企业薪酬不满意的主要原因，大概有如下四项。

第七章 如何优化薪酬体系

一、薪酬分配的内部公平性不够

员工对公司薪酬不满意的第一个原因就是公司薪酬分配的内部公平性不够。有时员工的职位相同,但是收入却相差很大。职位相同、收入不同会引发很多问题,让一些员工很不服气,反而会坏团队的人际关系。本来相同职位的不同员工,每个人的收入可能会不一样,应该拉开适当的差距,否则就变成了成了吃大锅饭。但问题的关键在于,别人的收入比我高,但是我感觉他跟我的工作表现、贡献、业绩也都差不多,并没有充分的事实依据证明他应该拿更高的薪资。其主要原因是绩效考核没有做到公开、透明、规范,没有做日常工作表现的评价、记录,考核缺少事实和依据,这样不但无法体现薪酬分配的内部公平性,反而造成了员工之间的人际纠纷。

二、薪酬的外部竞争力水平太低

员工对公司薪酬不满意的第二个原因就是企业薪酬水平太低,缺乏外部竞争力。关键人才可以在市场内部自由流动,俗话说:人往高处走,水往低处流。如果企业的薪酬水平明显比同行低,则容易造成骨干员工离职,也无法吸引关键人才。结果导致本企业成了同行的黄埔军校,总是在不断地为同行输送人才,员工也把本企业当成了临时跳板,先来学习、锻炼、成长,然后"跳槽"到其他公司,去寻求更大的发展。薪酬缺少外部竞争力,不能留住骨干人才的企业，一定不会有很好的发展。

三、个人收入与业绩表现不相符

员工对公司薪酬不满意的第三个原因是个人的收入与绩效表现不相符。例如某员工认为自己的绩效表现应该是 A 等，但是实际上他的收入却是 C 等，于是产生了一定的抱怨。这种情形一般有两种原因：第一种可能是自己放大了个人的绩效表现，由于心理错觉，人们往往会过高地估计自己的能力，过高地评价自己的绩效表现，对自己的评价与实际情形和上级的评价不相符。第二种可能是员工的绩效表现确实不错，或者绩效表现不够好，但由于上级进行绩效评价时存在心理偏差，例如首因效应和晕轮效应，出现了主观评判和偏见，导致下属的绩效考核结果与实际不相符，造成不客观的结果。

四、工资没有与企业经济效益同步上涨

员工对公司薪酬不满意的第四个原因是个人薪资没有跟企业的经济效益同步增长。假如企业的经营业绩每年以 50% 的增速在增长，企业利润每年以 35% 的增速在增长，但企业干部、员工的薪资收入却没有明显提高，甚至三年都没有加薪。企业的利润、业绩越来越高，发展规模也越来越大，但员工的工资却在原地踏步，于是员工就开始在私下抱怨。例如公司不断地在全国各地开分店，发展分子公司，高管和老板斗志昂扬，开会时给员工加油

打气，员工却在下面嘀咕："公司发展是老板赚钱，关我什么事，我就是一个打工仔，公司业绩翻倍，我的工资都没有涨一分钱。"

由此可见，企业改革发展后应该让员工共同分享胜利的果实。出现以上问题的主要原因在于企业绩效评价缺少事实和依据，导致利益分配很难拉开差距。

第五节　如何让员工对薪酬分配心服口服

若员工对企业的薪酬分配耿耿于怀，必然抱怨连天，内部关系紧张，不利于企业发展。如何才能让员工对薪酬分配心服口服呢？笔者建议企业的薪酬分配和绩效考核必须做到有充分依据，具体的办法就是即时管理和即时反馈，引入绩效游戏系统，加强过程记录，按积分排名进行奖励。

一、即时管理和即时反馈

很多企业只在年底对员工进行全面考核，给每位员工评分，然后按分数高低来排名，以此为奖惩依据。于是有很多员工心里不平衡：我兢兢业业干一年，凭什么给我打低分、排末位？因为他早就忘了自己迟到早退、被客户投诉的事了，还以为领导对他有偏见。如果每天、每周、每月进行考核，员工出现懒散旷工、迟到早退、工作效率低等问题时，可以及时在考核结果中体现出来，并反馈给员工。如果考核不公正，员工不服气，可以进行申诉；如果考核结果让员工心服口服，那么员工可能会改变自己的错误行为，下次争取更好的考核成绩。每天、每周、每月给员工做考核成绩排名，到年底时，全年的排行榜自然就出来了。对应排行榜中的排名，员工排到哪一级就享受哪一级的奖励，如果排在末位，可能就会被处罚。这样一来，很多管理问题、分配困惑和奖罚激励问题也就迎刃而解了。

二、引入绩效游戏系统

绩效游戏系统主要包括三个步骤：第一步，管理者把规章制度转变为积分规则；第二步，管理者观察员工的日常表现，并做记录，打上相应的积分或者点数；第三步，月底或年底按照绩效排行榜进行必要的奖罚。积分和点数的应用非常广泛，例如银行卡消费积分、电话卡使用积分等，这些积分到年底一般可以兑换相应礼品。我们将这个积分方式引入员工过程行为管理，凡是有利于公司利益、符合工作要求的正向行为，就增加积分；有损公司利益、不符合公司要求的负向行为，就减少积分，企业每天对员工的积分进行排行，并公布排行榜，定期进行奖励。

还有一些企业依据积分排名给员工分配宿舍和年底的福利。例如企业年底发年货，每人分2箱水果、5斤牛肉，把员工分成甲、乙、丙等，积分排名在前20%的属于甲等，排在后20%的属于丙等，排在中间的60%属于乙等。甲等员工可分得5箱水果和10斤牛肉；乙等员工可分得2箱水果和5斤牛肉；丙等员工只有1箱水果，没有牛肉。

三、过程记录 + 排名奖励

在企业管理中引入游戏化思维，把规章制度转变为计分规则，管理者就要对员工的日常工作表现和行为过程进行观察，并做记录台账，进行即时排名公开，企业和部门定期依据排名进行奖励。

曾有位企业家学习了积分制的游戏化绩效管理以后，重新调整了公司的员工宿舍。原来公司的未婚青年员工 4 人住 1 间集体宿舍，基本没有区别对待。后来他发现这样不行，要在福利方面拉开差距，于是按照积分排名将员工分为超甲、甲、乙、丙 4 个等级。超甲等员工享受单人间，跟总监、总裁的待遇一样；普通甲等员工住双人间；乙等员工住 4 人间；丙等员工住 8 人间，没有独立卫生间和淋浴间，只能上公共卫生间、公共浴室。单身宿舍按照积分排名一年一换。后来那些未婚青年和住宿舍的员工就很在意他的积分排名，想拥有好的住宿福利的员工就会认真努力工作。

由此可见，企业管理者把规章制度细化、量化为行为规范和计分规则，并每天通过观察员工的工作表现来计分，这就为年终考核提供了强大的事实依据，能够让员工心服口服。因为每个员工每天的积分都会公开，每个员工拿多少工资、拿多少奖金、怎么升职都有充分的依据。

有了公开、细致的过程记录，年终考核也能保证公平、公正。被评为甲等，就可能加薪、晋升职级，享受一切该有的福利待遇。那么全公司员工都会斗志昂扬，争着抢着挤到甲等去。正气压倒邪气，那些滥竽充数、溜须拍马、偷奸耍滑的员工就没有机会了。这也是未来企业管理发展的正确方向。

有了充分的事实依据，企业就可以按照积分排名采取一些奖励措施了。对排名靠前的员工，应当给予有竞争力的薪酬、资金奖励，同时还要给他们晋升职位，给他们相应的荣誉。每个月或每个季度定期召开表彰大会，颁发奖状、奖杯和奖金、奖品，让员工真正感受到自己的努力付出得到了公司的认可与奖励。

四、其他常用方法

除上文阐述的三点外，对于如何提高员工的薪酬满意程度，还有一些比较常见的方法。

首先要通过外部调查来确定企业薪酬的基本水准，通过岗位价值评估来确定企业内部的岗位价值，通过设计合理的工资结构来保证企业内部的横向公平，同时兼顾外部公平。还要经常进行内部满意度调查，让干部和员工谈自己的真实想法和感受，解决员工提出的问题。

因此，企业需要建立科学合理的绩效考核机制，保障薪酬的内部公平。

当然，如果能有一些额外的收入，给员工意外的惊喜，则更能刺激他们的工作积极性。例如给绩效排名很好的员工分配豪华宿舍、奖励高级智能手机、为其子女报销学费，甚至给他额外买一些年金保险等。这些额外奖励在公司的薪酬制度中并没有明文规定，但人力资源部门其实早就准备好了，最后在表彰大会上突然宣布，会给员工带来巨大的鼓舞，激励效果更好。

总之，企业只有培育公平公正的绩效文化、企业文化和薪酬文化，建立科学、完善的制度，才能吸引人才、留住人才，鼓励人才不断为企业做贡献。

第六节　薪酬福利管理典范

本节以国内某知名公司为例，带领大家了解一下大型集团公司的薪酬制度是怎样的。

一、工资结构

该企业的工资结构是固定工资加浮动工资。固定工资包含基本工资、技能工资、住房补贴、医疗补贴等，固定工资是根据职员的职务、资历、学历、技能等因素确定的，是相对固定的工作报酬。

浮动工资包含考勤工资、绩效工资、效益工资，项目开发人员还有项目津贴。浮动工资以绩效工资为主，当然也有其他的加减项目，例如考勤、效益奖金、项目奖励，还有各种津贴，包括技术津贴、岗位津贴、驻外津贴等。浮动工资是根据员工考勤表现、工作绩效及公司经营业绩确定的，不固定的工资报酬，每月调整一次，如表7-1所示。

表 7-1 企业的工资结构

工资结构	工资组成部分	工资依据
固定工资	基本工资、技能工资、住房补贴、医疗补贴	固定工资是根据职员的职务、资历、学历、技能等因素确定的，相对固定的工作报酬
浮动工资	考勤工资、绩效工资、效益工资，项目开发人员还有项目津贴	浮动工资是根据员工考勤表现、工作绩效及公司经营业绩确定的，不固定的工资报酬，每月调整一次

由于企业内部包含不同类型的岗位和部门，企业的工资也分为不同的系列，具体包括行政系列、技术系列、营销系列，分别对应行政办公室、技术部门和营销部门。企业有四大中心，分别是技术中心、行政后勤中心、营销中心、生产中心。具体情况如表 7-2 所示。

表 7-2 企业的工资系列

工资系列	适用范围
行政工资	1. 总经理办公室成员； 2. 总部助理部长以上职员（市场本部及下属部门除外）； 3. 总经理办公室、行政人事部、财务部、审计部、物料供应部所有职员； 4. 研究部、工业设计部、技术工程部、生产技术部、质量管理部、生产部从事非专业技术工作的职员
技术系列	研究部、工业设计部、技术工程部、生产技术部、质量管理部、市场推广部、客户服务部所有职员
营销系列	1. 市场本部及下属市场管理部、行业销售部、市场推广部、销售计划部、客户服务部所有职员； 2. 驻外机构所有职员（经理、财务经理等）

二、工资计算方式

研究工资的计算方式涉及几个关键概念，包括实发工资和应发工资、固定工资和浮动工资。

实发工资等于应发工资加上补杂项目，再减去扣除项目，如社保、公积金等。

应发工资是固定工资加浮动工资。固定工资等于基本工资加技能工资加住房补贴、医疗补贴，等于工资标准乘以固定工资系数之和。浮动工资是考勤工资加绩效工资加效益工资，等于工资标准乘以浮动工资系数之和。

工资标准是根据每个人的工资等级、岗位工资系列及职务确定的薪级，再根据薪级来对应的工资标准。

很显然，这家企业采用的是最普遍的职等工资制，等级工资就是按照等级来确定个人工资，由员工的岗位、职务和技术等级形成相对的基础等级，再按照同一岗位的差异来确定最终的等级，这样来对应该员工的实际工资。计算公式如下：

实发工资 = 应发工资 + 补杂项目 − 扣除项目

应发工资 = 固定工资 + 浮动工资

固定工资 = 基本工资 + 技能工资 + 住房补贴 + 医疗补贴
    = 工资标准 × 固定工资系数之和

浮动工资 = 考勤工资 + 绩效工资 + 效益工资
    = 工资标准 × 浮动工资系数之和

三、固定工资和浮动工资的计算

固定工资和浮动工资的系数该如何确定呢？固定工资中还有基本工资、职能工资、住房补贴等，可能会加很多津贴和补贴项目，标准系数分别为 A1、A2、A3、A4，A=A1+A2+A3+A4，最终得出的 A 便是固定工资的系数。

浮动工资包含考勤工资、绩效工资、效益工资、项目津贴等，系数分别为 B1、B2、B3、B4，B=B1+B2+B3+B4，B 就是浮动工资的系数。

该企业测算浮动工资系数的方法如下：假如有 C1、C2、C3、C4 等子系数，浮动工资系数 C 与各个子项目相关，C1 为考勤考核系数，C2 为绩效考核系数，C3 为效益考核系数，C4 为项目考核系数。将 C1 考勤系数乘以考勤工资标准、C2 绩效考核系数乘以绩效工资标准、C3 效益考核系数乘以效益工资标准、C4 项目考核系数乘以项目工资标准相加，就把整个工资切成了四大块，每一块都是子项目系数与工作标准相乘得出实际收入。计算公式如下：

固定工资 = 基本工资 + 技能工资 + 住房补贴 + 医疗补贴
       = 工资标准 ×（A1+A2+A3+A4）

浮动工资 = 考勤工资 + 绩效工资 + 效益工资 + 项目津贴
       = 工资标准 ×（B1×C1+B2×C2+B3×C3+B4×C4）

该企业计算工资系数的方法是比较稳健的经典做法。笔者建议的算法更加激进，就是把 4 个项目的系数 C1、C2、C3、C4 都乘起来，如果有 1 个系数是 80%，那相当于工资系数打了 8 折，如果 2 个系数都是 80%，那工资系数就变成 64% 了；3 个系数是 80%，那工资系数就只有 51.2% 了，这样员工的收入差距就拉开了。这一算法的缺点是惩罚多、奖励少，所以建议让系数突破 100%，最高可以达到 150%，甚至 200%。

四、各种考核系数

我们重点来看一下 4 个考核系数 C1、C2、C3、C4。

1. 考勤系数（C1）

考勤要有严格的标准和要求，旷工多少天以上记为 0，请假、迟到累计多少次扣多少分，这些都要有明文规定，扣除值以后得出的 C1 就是考勤系数。该企业的考勤标准如表 7-3 所示。

表 7-2 企业的考勤标准

考勤结果	C1 扣除值
旷工 0.5 天以上	1
病假、事假每请一天	0.25
月累计迟到、早退每满 5 次	0.5
月累计迟到、早退每满 1 小时	0.5
1 次事前未办请假手续	0.2

2. 绩效考核系数（C2）

绩效考核一般分为 S、A、B、C、D 或优、良、中、及格、差 5 个等级，各个等级的员工都会占一定比例，呈现正态分布。该公司的考核系数就属于正态分布。S 级为超级明星，其绩效考核系数是 130%（1.3）；A 级为良好，考核系数是 110%（1.1）；B 级中等的系数是 100%（1.0）；C 级及格的系数是 80%（0.8）；D 级较差的系数打了 6 折，即 0.6。

表 7-3　企业绩效考核系数

考核等第	等第含义	占职员总数的比例	绩效考核系数 C2 的取值
S	优秀	5%	1.3
A	良好	15%	1.1
B	合格	60%	1.0
C	基本合格	15%	0.6
D	较差	5%	0

3. 效益考核系数（C3）

效益考核通常衡量利润指标的达成情况，与利润完成程度挂钩，企业的每个部门都有自己的利润或效益指标。

该企业的效益考核系数如表 7-4 所示。如果效益指标只完成了 0~20%，那么效益考核系数是 0；如果效益指标达成 151% 以上，则效益考核系数为 2，至此封顶。如果效益指标达成 21%~40%，效益考核系数就是 0.4；效益指标达成 41%~60%，效益考核系数是 0.6；效益指标达成 61%~80%，效益考核系数就是 0.8。随着效益指标达成比例的提高，效益系数也不断增高。

表 7-4　企业效益考核系数

效益指标达成率	效益考核系数 C3 的取值	效益指标达成率	效益考核系数 C3 的取值
151% 以上	2	61% ~ 80%	0.8
121% ~ 150%	1.5	41% ~ 60%	0.6
101% ~ 120%	1.2	21% ~ 40%	0.4
81% ~ 100%	1	0 ~ 20%	0

4. 项目考核系数（C4）

企业内部会有很多项目组，包含研发、技术、工程、管理、改革等各方面的项目。项目的时间跨度通常不太一样，在考核期内需要考核项目的进度和进程，或者分段目标的达成情况。例如考核期可能是 3 个月，但是该项目的时间跨度可能是 3 年或者 2 年，那就需要细化这 3 个月的进度指标，全面评估项目在考核期的完成情况，得出项目考核系数。该公司的项目考核情况如表 7-5 所示。

表 7-5　企业项目考核系数

考核期内项目进程完成率	项目考核系数
完成 100% 以上	1
完成 80% ~ 100%	0.8
完成 60% ~ 80%	0.6
完成 60% 以下	0

笔者以该公司的工资结构作为典范,是因为目前大部分企业的薪酬体系都是如此。国内企业大多比较喜欢用绩效薪酬体系,但是绩效制度具体该怎么定、绩效考核该怎么做,这些都需要有严格的标准和充分的依据。笔者建议企业加强即时管理,在考核中引入游戏化系统,根据员工的工作表现进行考核打分,然后定期对员工的绩效积分进行排名,以此为依据算出月底的考核成绩和年底的绩效等第,尽最大努力做到公平、公正、公开、透明、分享,让员工对企业的薪酬分配心服口服,进而形成良好的薪酬文化,这样就能较好地解决薪酬分配的难题。

最后需要强调的是,企业要和员工一起分享企业的利润,尤其要让那些业务骨干和关键员工分享企业发展的成果。如果企业还要进行扩张发展,开设其他的子公司,则要多使用股权合伙或股权激励方式,把优秀的骨干员工和干部调动起来,为企业快速发展装上强劲引擎。毋庸赘言,华为的发展历程就充分说明了这一点。

总而言之,传统的雇佣制、命令式、控制式的管理方式已经过时了,企业应该采用更加公平合理、公正透明且更具激励性的薪酬分配方式。还要引入良性竞争机制和淘汰机制,培育力争上游、优胜劣汰的企业文化,让员工之间有竞争、有配合、有评比,更好地激励和调动员工的积极性,最终让他们的努力和付出得到切实的回报,这样才能让企业的发展进入良性循环。

参考文献

［1］陈小平.薪酬管理［M］.北京：科学出版社，2020.

［2］朱琪，王忠.薪酬管理［M］.北京：科学出版社，2018.

［3］刘银花.薪酬管理［M］.3版.大连：东北财经大学出版社，2016.

［4］严伟.薪酬管理［M］.4版.大连：东北财经大学出版社，2018.

［5］叶向锋，等.员工考核与绩效管理［M］.北京：经济科学出版社，2013.

［6］蔡巍，姜定维，水藏玺.薪酬的真相［M］.北京：中华工商联合出版社，2011.

［7］孙玉斌.薪酬设计与薪酬管理［M］.北京：电子工业出版社，2010.

［8］郑宏，廉鹏飞.营销人员薪酬与考核［M］.北京：企业管理出版社，2010.

［9］朱飞.绩效激励与薪酬激励［M］.北京：企业管理出版社，2011.

［10］将伟良，谢兵，郑君君.任职资格管理与薪酬设计［M］.北京：企业管理出版社，2010.

［11］曾湘泉.薪酬管理［M］.北京：中国人民大学出版社，2010.

［12］黄钰茗.薪酬命门［M］.北京：中国电力出版社，2010.

［13］许华.中小企业薪酬体系设计［M］.北京：化学工业出版社，2011.

［14］卿涛，郭志刚.薪酬管理［M］.大连：东北财经大学出版社，2009.

［15］周斌.现代薪酬管理［M］.成都：西南财经大学出版社，2006.

［16］徐斌.薪酬福利设计与管理［M］.北京：中国劳动社会保障出版社，2006.